Cronicas en red – Volumen 1

ANTONIO GUEVARA

UN PAIS DE SORDOS

Diálogos con una sociedad sin eco

Titulo original: Un país de sordos

Portada de Budare Creativo – María Antonieta Guevara

1ra edición 2018

© Antonio Guevara

ISBN: 13: 978-1984256096

Impreso en Francia – Printed in France

Para Gustavo, Simón y María. Siempre.

INDICE

PRESENTACION

Tenemos un grave problema de audiencia en Venezuela. Andamos al garete. Cada quien hala para sus intereses personales mientras las afinidades colectivas divergen y se diluyen en el tiempo y el espacio.

Eso es grave en términos de la definición de nuestro futuro como nación. Así, vamos directos a la fragmentación y disolución.

El ciudadano común tiene todo el derecho de buscar y ocupar sus espacios personales y familiares. Es el elemental sentido de supervivencia a nivel individual y del clan. Cuando eso ocurre sin articularse con los intereses generales y sin amarrarse e identificarse con el interés nacional, es muy grave. Esa conducta tiene una incidencia negativa a nivel de la sociedad y de las comunidades que al final forman parte de los cimientos de la nación.

Cuando las localidades se fragmentan, la devolución colectiva en el rumbo y la dirección es hacia los grupos familiares, las tribus y retrocedemos a la categorización de aldeas y grupos encaminados al abismo, a la disolución y desaparición como república, como país, como estado y al final, como nación, cada quien agarra por su lado. Cómo está ocurriendo en este momento con la diáspora venezolana.

Lo otro es el hueco negro de la guerra civil. Nadie la quiere, todos la anuncian. Al final se presenta, llega con su carga de muertes, heridos, lisiados, desplazados y destrucción física.

Esos clarines y trompetas si los oye todo el mundo. Desgraciadamente cuando la desolación, el desaliento y la carga negra de la destrucción han hecho del arrase la marca de la bestia. El 666 desde Castillete y Punta Playa, isla Aves y cataratas de Huá.

En ese momento seremos todo oídos. El país será una gran oreja nacional.

Tarde. Muy tarde.

Es insólito qué ante tantos mecanismos de comunicación, encabezados por las redes sociales en las tecnologías de información y comunicación (TIC) el enlace entre los ciudadanos y los dirigentes esté fracturado y en algunos casos no existe.

Así no funciona una sociedad. Todos emitimos mensajes e inundamos los buzones con textos y expresiones que nadie lee o escucha. En cada señal hay un reclamo extraviado, una solicitud sin destinatario, una queja sin orientación ni referencias.

El liderazgo tiene la responsabilidad de establecer las sintonías con sus grupos. Los encajes de funcionamiento local, regional y nacional son atribuciones de quienes aspiran formar poder y ejercerlo.

Eso no está ocurriendo en Venezuela. Los dirigentes llevan un ritmo de navegación, distinto al de la manada, rumbos diferentes, objetivos diametralmente opuestos y metas de llegada inexistentes. No hay viabilidad en la caminata. Es un tránsito completamente estéril. No hay sincronización entre lo que quiere el ciudadano en la base y lo que construye al final el lider en el plan, en el diseño estratégico de las políticas y los intereses del colectivo.

Estamos caminando orillados en el desconcierto y la turbación. Las turbulencias en la amalgama grupal han puesto a todos en el sálvese quien pueda. De allí la diáspora, el viaje y el adiós dejando atrás el capital familiar y la célula social. El riesgo es la atomización y él comportamiento estanco. Si no ha ocurrido ya.

Todos escribimos y hablamos. En la abierta disposición de los recursos tecnológicos actuales para construir los mensajes somos unas fieras discurseando, haciendo videos para subir a YouTube, sesiones diarias a través de Periscop, miles de mensajes circulan en los chats que nadie lee y audios que tampoco se escuchan. El muro de Facebook es un desagüe permanente las 24 horas del día y el pajarito de Twitter trina vibrando en el bolsillo del pantalón, cada vez que al otro lado del mundo ocurre un evento, una estrella despeja un escándalo o un atleta global rompe un récord. Mientras tanto, al lado, en el asiento contiguo, la esposa, el padre, la madre, los hijos, los vecinos de la calle o la comunidad se resienten ante la ausencia de una respuesta. El *delete* de los teléfonos inteligentes, las PC, los iPhone y las laptops atiborran la papelera del cemento que nos une como familia en las localidades, en las regiones y en la nación. Así estamos.

Los textos que estoy presentando tienen un origen desde el año 2009, fueron publicados en mi blog en ese momento (https://rindiendocuentas.blogspot.fr/) y tienen una vigencia como si estuvieran recién salidos del procesador de palabras. Son una prueba fehaciente de la anomia y del garete colectivo, y del pésimo funcionamiento del estribo, el yunque y el martillo de la dirigencia.

Están coleados en el libro dos textos relacionados con una hipótesis documentada sobre el origen del 4 de febrero de 1992. Son partes de otro libro que estoy preparando. Me gustaría recibir un *feed back*. Siempre es bueno.

El liderazgo ha fallado en oír y pararle la oreja a los reclamos de la grey o no tiene acceso a una caja de **Qtips**.

El país tiene un gran vacío en la reciprocidad en la comunicación. El ciudadano se queja y nadie le para.

La comunicación política en Venezuela, en este momento, es una tribuna a cielo abierto, full de tímpanos cerrados y lenguas desbocadas defendiendo las comarcas de la tribu y el clan. En este caso de dedos a 300 kilómetros por hora machacando el teclado aquí, allá y acullá.

Todos nos hablamos y no nos escuchamos.

Hay una perfecta sordera social.

Somos un país de sordos.

Enero de 2018

A MIS COLEGAS MILITARES

Estimado colega

Desde el año 1.992 los militares estamos teniendo un protagonismo inusitado en la vida política del país. Hemos invadido insólitamente predios reservados tradicionalmente a los políticos y estos han acusado el desplazamiento y cedido espacios que ocuparán nuevamente, una vez que se solucionen los problemas políticos del país.

Un ligero análisis, tomando como referencia el 4 de febrero de 1.992 con la irrupción de Hugo Chávez y su fallido golpe de estado de aquella oportunidad, conduciría inevitablemente a la conclusión que orbita desde entonces en círculos académicos y profesionales de ambos medios (civiles y militares). Hubo un gran vacío de liderazgo y este fue cubierto por aventureros, codiciosos y vividores de la política. Maleantes de camino que llegaron asaltando las instituciones y destrozando impunemente las estructuras políticas de dos generaciones.

El 4 de febrero de 1.992 no ha sido valorado aún en sus interioridades institucionales. Los resultados de los estudios ordenados por el Comando General del Ejército sobre las causas del pronunciamiento militar de ese entonces quedaron sepultados bajo la irresponsabilidad de los mandos de aquella oportunidad y nunca se conocieron públicamente las conclusiones institucionales. Sus resultados tienen 15 años de misterio, amparado por la ignorancia política de los mandos de aquella ocasión y los cuadros medios e intermedios. Es necesario desclasificar esos documentos y lanzarlos a la opinión pública para conocer cuáles fueron las debilidades institucionales que permitieron la impunidad de entonces y que facilitaran cerrar los caminos futuros a la felonía militar. En esta coyuntura, el rol protagónico de todo lo que se hizo y dejó de hacer en la Fuerza Armada Nacional para reponerla del duro golpe de la escisión, recayó en el general de División (Ej.) Fernando Ochoa Antich. Su actuación aún es cuestionada y sus decisiones están en tela de juicio ante la opinión pública. La historia se encargará de administrar justicia.

La llegada de Hugo Chávez al poder el 6 de diciembre de 1.998 fue el resultado de la suma de varios errores de la dirigencia política y el liderazgo militar de ese entonces. Los efectos numéricos de aquella jornada electoral fueron impecables y es indiscutible la mayoría con que ganó el candidato de la coalición de la izquierda. Lo censurable fueron las pifias con que se manejó el "problema" Chávez en la institución militar y como las intrigas en los altos niveles de la institución facilitaron el debilitamiento institucional en el manejo de los valores y los principios. Los mensajes tendenciosos y abiertamente políticos de muchos oficiales generales y almirantes obligaron a muchos profesionales a posicionarse en la coyuntura y a segmentar radicalmente la corporación armada. Pero más aún, el Alto Mando Militar de esa ocasión fue débil en la postura y facilitó mucho antes de la llegada de Hugo Chávez a la presidencia de la República, que los factores que simpatizaban con la candidatura de este en la organización, fijarán posiciones, concertaran planificaciones y estuvieran alertados para inclinar militarmente, la balanza hacia Hugo Chávez, independientemente de los resultados electorales. De allí surgió la tesis del golpe del estado encabezado para no reconocer el triunfo electoral de Hugo Chávez; sobre esta tesis oportunista de los aliados del presidente electo, se montó y cabalgó el General Salazar Rodríguez y aún debe una explicación a la opinión pública.

Después del 2 de febrero de 1.999 las aguas de la Fuerza Armada Nacional se calmaron y la institución dio un cheque en blanco a Hugo Chávez para que manejara los cambios estructurales a nivel nacional, sin ningún tipo de posicionamiento.

El General de División Raúl Salazar Rodríguez en su calidad de Ministro de la Defensa fue el representante de la organización. Venía respaldado por una gran carga de autoridad académica, operacional y ejecutiva de la institución. Los acontecimientos políticos y militares que se desencadenaron fueron relegando al general Salazar Rodríguez a una triste y melancólica posición institucional; y no tuvo la fortaleza que lo venía respaldando para oponerse a la politización sistemática de la institución y al desmantelamiento de todo el cargamento de valores, principios y tradiciones de que estaba revestida la Fuerza Armada Nacional.

El general Salazar Rodríguez dejó muy mal parada a la institución armada en su periodo administrativo como Ministro de la Defensa.

El 11 de abril de 2.002 fue el natural resultado de las presiones políticas, económicas y sociales de los cambios acelerados propiciados por el Presidente Chávez y desembocaron en el natural pronunciamiento militar. Dos jefes militares tuvieron la responsabilidad de liderizar el camino de la Fuerza Armada Nacional. El Vicealmirante Héctor Ramírez Pérez, Ministro de la Defensa designado por el breve gobierno de Pedro Carmona Estanga, desperdició la ocasión histórica de encabezar una nueva coyuntura política dentro de la institución armada; desgraciadamente no tuvo la fortaleza política, la visión histórica y la visión

 personal para montarse sobre los acontecimientos de la ocasión y llevar a un puerto seguro la nave del nuevo gobierno. El General de División (Ej.) Efraín Vásquez Velasco era el Comandante General del Ejército durante esos acontecimientos. Su actuación es la más lamentable de la coyuntura. Nunca valoró el poder que descansaba sobre sus decisiones, no supo manejar el problema político y menos el militar, sus decisiones fueron lamentables y censurables; igual suerte corrió ante el general de División (GN) Carlos Alfonso Martínez, prácticamente al mando de la Guardia Nacional de Venezuela, pero miope en sus decisiones y valoraciones estratégicas desde el punto de vista político y militar.

El 22 de octubre de 2.002, un grupo de generales y almirantes en una circunstancia sin ningún tipo de precedente, se instaló en la Plaza Altamira y se declararon en rebeldía frente al régimen, acogiéndose al artículo 350 de la Constitución Nacional. Más tarde se les incorporaron más de un centenar de colegas. El grupo estuvo liderizado por el General de División (Ej.) Enrique Medina Gómez sin ningún tipo de plan en particular. Tres meses más tarde esa iniciativa moría por ausencia de metas, por una anemia aguda de planificación, por una retórica fecundada de ingenuidad y por la ambición aguda de la mayoría de los oficiales generales y almirantes y el resto de superiores que larvó políticamente y desencantaron a sus subalternos.

Como se lee, todas estas iniciativas tienen un denominador común; ausencia de liderazgo, escasez de coraje, falta de proporción histórica y política, grandes ambiciones en contraste con la nulidad de los valores personales y los principios atesorados institucionalmente, ignorancia institucional; todo ello conspiró para facilitar los resultados actuales.

La gran mayoría de los jefes militares de las coyunturas confrontacionales, como Medina Gómez, Vásquez Velasco, Alfonso Martínez y otros, hicieron mutis por el foro; olvidando que tras de cada decisión volátil que tomaron en las ocasiones que les correspondió protagonizar, arrastraron subalternos y futuros comprometidos.

Esa no es la línea de un jefe, ese no es el patrón. Un líder no abandona a sus subalternos.

Descargar en los jefes de esas oportunidades, las responsabilidades del liderazgo y el fracaso de todas esas etapas es una tarea que requiere valoraciones y ponderaciones objetivas. Por ello requerimos sus aportes desde una óptica mesurada, seca, descarnada y desapasionada; sin que ello signifique el juicio histórico que les corresponderá asumir mañana. Pero ya el camino estará andado una parte.

! ¡Bienvenidos sus aportes!

Caracas, 19 de agosto de 2007

EL NUEVO ROL DE LA OPOSICION

Después del 15 de febrero de 2.009 la bandera de la oposición debe ser la de la reconciliación y la reunificación de la nación. una de las maneras de reorganizarnos y consolidarnos en el resultado alcanzado en las urnas electorales el día del referéndum de la enmienda constitucional es pedirle al presidente de la republica que gobierne para todos los venezolanos. una buena manera de empezar a hacerlo es recomponiendo la unidad del país y para ello debe empezar una tarea de unificación.

Después de diez años de gobierno revolucionario, el país se ha fragmentado por el odio y el apartheid político que se ha alentado desde Miraflores. a estas alturas del proyecto revolucionario, debe haber quedado claro para el teniente coronel presidente, que las recomendaciones surgidas de la sala situacional de Miraflores en línea directa con la habana; de dividir al país para obligar al posicionamiento de las voluntades y entusiasmos, no funcionaron; y lo que lograron fue encrespar la violencia e intensificar los ánimos por ambos bandos.

El resultado no puede ser más desalentador para un demócrata y un verdadero nacionalista. miles de venezolanos han salido de nuestras fronteras acosados por el látigo de la revolución chavista en forma de persecución política, del alto costo de la vida, de la inseguridad, de la lista Tascón o Maisanta, del desempleo, de la inflación; y en general del desastre en que se ha convertido este pastiche político que se llama la revolución bolivariana, ahora decantada en chavismo.

El presidente tiene unas excelentes referencias para encausar la nación hacia un proceso de reconciliación y pacificación. la reunificación de las dos Alemania luego de la caída del muro de Berlín y la desintegración de la unión soviética es un testimonio político e histórico excelente.

Lo que la mano del totalitarismo soviético había decidido separar por razones políticas, la voluntad reprimida de un pueblo a lo largo de muchos años, logró unificar nuevamente el 9 de noviembre de 1.989. Alemania estuvo dividida 28 años.

En este momento estamos observando en primera fila como ese mismo proceso se está llevando de manera pulseada entre las dos Coreas. en algún momento se impondrá la unidad sobre la base de la libertad y la independencia; y corea será nuevamente lo que fue antes de la división propiciada por el personalismo y la autocracia militarista de Kim Il Sum en 1.948. Corea tiene segmentada políticamente 61 años.

la revolución cubana encabezada por Fidel Castro el 1 de enero de 1.959 provocó un proceso de persecuciones y fusilamientos de naturaleza política que obligó a miles de cubanos a irse del país y a otros a permanecer en las cárceles cubanas, que han sido objeto de denuncias ante diversos foros internacionales y organismo multilaterales. hoy conviven en el mundo 2 Cubas. la que permanece enclaustrada por el "mar de la felicidad" y la que abiertamente hace vida en el exilio desde el sur de florida, pero que aspira que un proceso de reconciliación nacional se inicie en el país. esta aspiración probablemente se iniciará cuando Fidel Castro muera. Cuba esta fraccionada desde hace 50 años.

Colombia tiene una violencia política interna desarrollada desde el 9 de abril de 1.948 con el asesinato de Jorge Eliécer Gaitán. desde esa oportunidad los colombianos entraron en una espiral de violencia que ha pasado por todo género de manifestaciones morbosas de la sociedad; la ideológica que estimularon hasta la caída del muro de Berlín las **FARC-EP** y el **ELN**; la financiera con los carteles de la droga que aun cohabitan en el estado colombiano; la política que se expresó con el ejército paralelo de las **AUC** y la social que se materializa en toda su expresión en *el sicariato* y el asesinato por encargo. eso provocó el éxodo de colombianos hacia el mundo y los convirtió en parias de la violencia.

Venezuela es depositaria de una gran cantidad de hermanos que huyeron del morbo político, financiero, ideológico y social de la violencia. Colombia está arrasada por la violencia desde hace 61 años.

Venezuela vivió la violencia política. los primeros años de la democracia la subversión aupada desde cuba estimuló la violencia política. los venezolanos vivimos en la cercanía de los cuartelazos del "Porteñazo", "Carupanazo", "Barcelonazo" y la guerrilla política por muchos años. durante un largo tiempo la democracia estuvo asediada por militares y políticos alzados en armas.

El ejercicio legal y legítimo de la violencia del estado los derrotó en todas las oportunidades y muchos fueron a encarar sus responsabilidades en la cárcel y tribunales de justicia de la democracia. otros prefirieron continuar sus luchas desde el exilio. la gran mayoría disfrutó de medidas de gracia y beneficios procesales que en modo alguno significaron la abdicación de sus principios y convicciones.

El estado de esta manera promovía la pacificación y el reencuentro del país y eso fue lo que en cierta medida le permitió a los venezolanos disfrutar de un largo periodo de paz.

La política de pacificación de los gobiernos democráticos de la vituperada cuarta república, abrió los caminos de la reconciliación y el reencuentro de la nación. las medidas de gracia, manejadas en la mayoría de los casos con criterios de estado, permitieron al gobierno de turno, ampliar los caminos de la paz y la concordia de la nación.

Hugo Chávez fue beneficiario directo de un indulto presidencial, la gran mayoría de la nomenclatura chavista (Diosdado Cabello, Jesse Chacon, Pedro Carreño, Hugo Carvajal, Alejandro Andrade, José Gregorio Vielma Mora, William Castro Soteldo, William Fariñas, Luis Reyes Reyes, etc.) y otro grueso número de militares en situación de actividad actualmente, fueron favorecidos por sobreseimientos e indultos.

José Vicente Rangel fue el abanderado en varias oportunidades, para garantizar los derechos humanos de muchos compatriotas detenidos en las cárceles de la democracia; en otras fue el canal para abrir el camino de la concordia y el reencuentro de la república. la gran mayoría de quienes hacen vida en el liderazgo político de la revolución fueron agraciados por esas medidas de estado.

Creo que la motivación fundamental que debe alentar a la oposición venezolana al régimen de Hugo Chávez, después de los resultados del referéndum de la enmienda constitucional del 15 de febrero de 2.009, debe centrarse en la unidad de la nación.

Esta debe orientarse hacia un proceso de reconciliación del país, del reencuentro con la república y de la pacificación de Venezuela. Las manifestaciones políticas de esas tres líneas estratégicas para la movilización de los venezolanos en la calle son, la libertad de todos los presos políticos y el retorno al país de todos los exiliados. esa sería una excelente manifestación de que Hugo Chávez quiere gobernar para todos los venezolanos.

Por encima de las motivaciones políticas de los gobiernos, debe privar la unidad de la nación y la preservación de la república; eso es lo que garantizaría la vitalidad del estado venezolano.

Creo que el presidente Hugo Chávez tiene la oportunidad de recomponer la venezolanidad en este momento de peladera y de vacas flacas. una buena manera será abrir las cárceles a los presos políticos y las fronteras a los venezolanos exiliados.

Si esa iniciativa no la recoge el régimen por sus niveles primitivos del ejercicio de la política, es una tremenda bandera que debe enarbolar la oposición política para terminar de reconstruir la unidad de la nación.

Para ello cuenta con más de 18 meses hasta el próximo compromiso electoral.

Caracas, 10 de marzo de 2009

VAMOS CON TODO

"Recuerdo, ¡oh rey afortunado!, que, en tiempos muy lejanos, en los días del pasado, ya ido, y en una ciudad entre las ciudades de Persia, vivían dos hermanos; uno se llamaba Kasín y el otro Alí Babá. ¡Exaltado sea aquel ante quien se borran todos los nombres, sobrenombres y renombres; ¡el que ve las almas al desnudo y las conciencias en toda su profundidad, el Altísimo, el dueño de todos los destinos!"

Las mil y una noches.

El lema de la campaña de la Revolución Bolivariana y los candidatos chavistas, durante las pasadas elecciones de alcaldes y gobernadores del 23 de noviembre de 2.008 fue…**VAMOS CON TODO**.

Hasta el momento los hechos a nivel del Municipio Pedro Zaraza en el estado Guárico están ratificando que el alcalde electo de aquella oportunidad, Freddy Alí va…va con todo. El Alcalde Alí recibió su cargo el 6 de diciembre de 2.008; hasta el 6 de junio de 2.009 median 6 meses de ejercicio de su administración. Pero si contamos, lo que dista desde el comienzo de la Revolución Bolivariana, entonces en el concepto general de la administración, estamos hablando de 10 años de ejercicio. Esto lo decimos, porque tenemos amigos dentro de la "oposición" que son partidarios de asignarle al Alcalde Alí, un año para poder hacerle oposición. Uno entiende que en la línea estratégica que está desarrollando el Alcalde Alí, este ha tendido unos puentes entre algunos factores inescrupulosos de la oposición, puentes que han sido cruzados dejando de lado valores y principios, para ir a morder al otro lado del puente *"carne de la gorda"*. Todo el pueblo sabe quiénes son. Politicastros de toda laya, que, por un contratico, una ayuda o un carguito son capaces de entregarle el alma de su mamá al diablo. La de ellos ya se la vendieron al diablo hace mucho tiempo. En todo caso ese será un tema que abordaremos en otra oportunidad. Por el momento lo importante es que el Alcalde Alí va…va con todo, esgrimiendo por delante cuarenta razones para demostrar ineficiencia, en una administración que en seis meses pareciera de diez años.

El primer acto gerencial del burgomaestre Alí fue la reducción presupuestaria que acometió para darle cumplimiento al Decreto Presidencial para la reducción del gasto suntuario y superfluo. El machetazo presupuestario afectó en primer lugar, la partida asignada a Fundacompas; el ente responsable de la asignación de los recursos para el Geriátrico Jorgito. Con esa decisión de arrancada se demostró que el Alcalde Ali va…va con sus cuarenta razones para hacerle oposición desde ya. La otra decisión fue comprar a un concesionario Movilnet de Zaraza, trece equipos Moto Q.C910 que tienen un valor de 1.650 Bsf, que, sumados los dineros correspondientes al plan, realmente era una decisión completamente contraria al espíritu, propósito y la razón del Decreto del Presidente de la Republica de eliminar gastos innecesarios y lujosos. El destino de esos equipos, que han debido asignarse a funcionarios de alto nivel en la alcaldía y con una necesidad argumentada, es un misterio.

Esta otra decisión confirmó que el Alcalde Alcalde Alí va…va con sus cuarenta razones para pasarse por el forro las decisiones de su jefe *mesmo*. Posteriormente esta la obra de la Calle Barcelona, cruces con Calle Junín y Calle El Carmen. Una decisión abiertamente arbitraria, donde por la vía de la Dirección de Desarrollo Urbano de la Alcaldía se ordenó hacer un reemplazo del colector de aguas negras de ese tramo; posteriormente por negligencia u omisión de la empresa contratista surgió la necesidad de reemplazar toda la capa de rodamiento. Todas estas ejecuciones se hicieron ningún tipo de fórmula legal que avalara la obra y permitiera a cualquier ciudadano hacer la función de Contraloría Social. En efecto, en el oficio que remitió la Contraloría Municipal, esta ordena a la Alcaldía paralizar la obra, hasta tanto presentaran el contrato y esa decisión de ese otro órgano del poder público municipal, la primera autoridad del municipio se la pasó por otro forro. La obra ni se paralizó, ni se presentó el contrato. Esa es otra decisión (Que está en el orden de un millón de bolívares fuertes o más) que confirma que el Alcalde Ali va…va con sus cuarenta razones para reeditar en el municipio la misma conducta que ha venido observando su jefe de arriba y la pandilla que lo acompaña en la robolución. Para ponerle la guinda a la torta, la esposa del burgomaestre se compra en el mes de febrero de 2.009 la Quinta Pelusa ubicada en la 4ta transversal de El Paraíso por 320.000 Bsf.

Lo que se censura no es la compra, es el momento y la oportunidad. En una circunstancia en que el mismo alcalde estaba tirando a la calle por el recorte presupuestario a un número importante de trabajadores de la alcaldía, cuando se dejaba sin presupuesto para mantenimiento a los viejitos del geriátrico Jorgito y cuando estaba en vigencia un decreto firmado por su jefe mayor, lo menos que podía hacer el Alcalde era salir a comprar una casa de ese estilo para estrujársela en la cara a los pobres del municipio.

¿Qué dirán los zaraceños que quedaron pelando de la invasión a Las terrazas?

De remate los mismos obreros de la Asociación Cooperativa Hoya de Tamanaco, la misma cuadrilla, el mismo caporal y el mismo Payloader; fueron los ejecutantes de la demolición de la Quinta Pelusa; me imagino que para dar paso a otra quinta compatible con los valores robolucionarios.

Eso es una gran inmoralidad y un pésimo ejemplo revolucionario de que se quiere verbalizar con los valores del socialismo, pero que los valores del capitalismo son los adecuados en hechos para vivir los integrantes de la nomenclatura; y que …"**ser rico es malo**".

Esta es otra prueba fiel de que el Alcalde Alí va…va con sus cuarenta razones para seguir pasándose por el forro esas zarandajas de socialismo, pobres, revolución, etc con que nos bombardea cada dia su jefe mayor. Ya en Zaraza nos hemos comido las historias milyunanochescas en diez años de revolución bolivariana, con boliburgueses que llegan a los cargos públicos y en todo su ejercicio la única expresión que los pobres y el pueblo oyen es… ¡Ábrete Sésamo!

¿Va con todo el Alcalde Alí? Hasta el momento ha demostrado que por encima de cualquier escrúpulo legal y moral el burgomaestre esta confirmando el eslogan de la campaña del 23 de noviembre de 2.009.

El Alcalde Alí va con todo. El Alcalde Ali va…va con sus cuarenta razones.

Zaraza, 6 de julio de 2009

AMIGOS EN LA CASA

Hugo Chávez resiente que el Premio Nobel de la Paz y Presidente de la República de Costa Rica, Oscar Arias; haya recibido en su casa de habitación a Roberto Micheletti, Presidente Constitucional de Honduras.

Olvida Hugo que esta actividad de conciliador y mediador fue producto de un acuerdo entre todas las partes (Micheletti, Zelaya) con los buenos oficios de la señora Hillary Clinton, Jefa del Departamento de Estado en el imperio. Imperio que por cierto, Hugo y sus chulos del ALBA se han cansado de llamarlo para que participe en la salida al conflicto hondureño.

También olvida Hugo Chávez que a mediados del año 2.008 recibiò con honores de Jefe de Estado a, parte del Secretariado de la Narcoguerrilla colombiana las FARC; encabezado por Luciano Marin Arango, alias Iván Márquez, a Rodrigo Granda y a la senadora Piedad Córdova, filial de los guerrilleros.

También olvida Hugo Chávez, que las FARC es el cartel de la cocaína más grande del mundo.

Por último, Rodrigo Granda, el llamado Canciller de las FARC, fue capturado en Venezuela por un comando especial de la Guardia Nacional, al mando del Teniente Coronel José Humberto Quintero; quien pagó una cana por "traición a la patria" en el Centro de Procesados Militares de Ramo Verde, durante 3 años.

Todo eso se le olvida a Hugo Chávez, cuando resiente que el Presidente Oscar Arias medie entre el ex

Presidente Manuel Zelaya y el Presidente Roberto Micheletti; para arribar a una solución en el conflicto hondureño y reciba en Costa Rica a Roberto Micheletti.

¿Porque Oscar Arias no puede recibir a Micheletti en su casa de habitación y Hugo Chávez si puede recibir en Miraflores al Secretariado de las FARC?

Caracas, 13 de julio de 2009

DOS PAÑUELOS, PEINE Y CORTAUÑAS, CODIGO DE HONOR

Hace 34 años ingresé a la Academia Militar de Venezuela, exactamente el 5 de agosto de 1.973; siempre recuerdo con alguna curiosidad que no pude satisfacer del todo durante mi permanencia en el Alma Mater del Ejército, que una de las exigencias casi permanente, era presentarle a los superiores cada vez que lo exigían, 2 pañuelos blancos, 1 peine y 1 cortaúñas.

Mi curiosidad no era por los adminículos, al fin y al cabo, había que andar impecable y eso incluía cargarlos de manera permanente, por si acaso. Mi interés nació porque nunca nadie me dijo porque el peine tenía que ser negro y de una dimensión en particular y de marca Ace, el cortaúñas de una característica específica y de marca Trim y los pañuelos blancos, por supuesto impecables, de unas medidas precisas y sin ningún tipo de estampa y de marca Pirámide. Ahora, que mi promoción pasó al retiro, después de analizar la conducta de muchos colegas de otras generaciones más y menos antiguas y viendo de cerca el comportamiento institucional de la Fuerza Armada Nacional en esta coyuntura, he conseguido medianamente una explicación a la exigencia de 2 pañuelos, peine y cortaúñas; y porque a veces y de manera aleatoria, se incluía requerir de manera imprescindible el Código de Honor del Cadete.

Deduzco que para el militar, en su proceso de formación, era más importante la presentación personal, los zapatos pulidos hasta el delirio; la raya del peinado alineada, recta, perfecta; los filos del planchado del uniforme casi cortantes; el corte de pelo a nivel de banda blanca; los botones de la guerrera espejeantes; con el vello de la nariz y de las orejas al ras; un aliento primaveral; las uñas alineadas, cubiertas y sin cutícula; oloroso a Brut o 4711; en fin la apariencia imprescindible que impacta y que sirve de coraza defensiva ante una sociedad que exige y demanda. Pero, más allá de eso, hacia lo interno, la formación intelectual hacia y para la ciudadanía, la visión de ciudadano, la integración con la *civis* y la *polis* del cadete militar, que se manifestaba no solamente con el caletre del Código de Honor en sus diez artículos, si no con la identificación íntima y ética de sus propuestas; eso, como que era accesorio, marginal; un frontis que sonaba muy bien para los discursos protocolares y la argumentación formal, pero que asumirlo como un modo de vida, era incompatible porque no había identificación.

Ahora comprendo, en este momento de crisis de la nacionalidad por culpa de colegas míos contemporáneos, en que falló el proceso de formación profesional de la Academia Militar de Venezuela y porque se insistía tanto en los dos pañuelos, el peine y el cortaúñas; y de ultimo y a veces se exigía el Código de Honor.

! ¡Era más importante la forma que el fondo!

Menos mal que no nos ha tocado la desgracia de ir a la guerra de verdad, pero para allá nos llevan los cultores de los dos pañuelos, el peine y el cortaúñas.

Caracas, 19 de julio de 2009

Este régimen apela al cognomento de BOLIVARIANO y sobre esa base ha descargado todo género de decisiones para honrar la memoria de **SIMON JOSE ANTONIO DE LA SANTISIMA TRINIDAD BOLIVAR Y PALACIOS**, El Libertador. Pero…realmente ¿se ha honrado la memoria del Padre de la Patria?

No se dice mucho en materia de resultados; al menos en el Municipio Pedro Zaraza. Si nos atenemos a las formas, que se inician por el respeto a la expresión física más tangible de la presencia gloriosa de Simón Bolívar en Zaraza; el *paterrolismo* de los poderes públicos municipales va más allá de lo común. La Plaza Mayor que distingue el honor de la venezolanidad representada por la estatua pedestre es un mercado publico lleno de cotuferos, llamadas telefónicas al detal, perros calientes, estacionamiento de motos diurno y nocturno; y basurero al mayor.

El respeto del poder legislativo municipal (Los concejales pasan diariamente hacia sus solemnes sesiones, dándose codazos con los mercaderes) y el órgano contralor (Que hace vida al doblar la esquina) está en proporción directa a las gestiones. Nulas de toda nulidad. Y la figura ejecutiva (El Alcalde) quien ha presidido varios actos oficiales, me imagino que ha observado con mirada vacuna, que la Espada del Libertador Simón Bolívar hace mucho tiempo que hizo mutis por el foro. El burgomaestre tiene otro tipo de preocupaciones, que no tienen que ver con espadas precisamente.

En efecto… ¡Alerta…alerta que camina, la espada de Bolívar por América Latina! Yo asumo que al iniciarse un proceso de selección de la espada que iba a representar a Venezuela, en esa jornada estéril de mercadear la Revolución Bolivariana y el régimen del Socialismo del Siglo XXI más allá de las fronteras venezolanas, la de Zaraza fue la seleccionada.

En cuanto al fondo, lo que está a la vista no necesita anteojos. Esta gestión del régimen municipal, que se inició una vez finalizado el proceso comicial del 23 de noviembre de 2.008, nació con una vejez prematura. Sin pasar a pininos ya esta boqueando y alrededor de su cadáver nauseabundo y corrompido revolotean cual aves carroñeras muchos factores de la oposición.

¡Alerta…alerta que camina…la espada de Bolívar por América Latina!

¡Que se quede por allá! dirán los factores de la nomenclatura chavista en Pedro Zaraza. Bolívar siempre fue un confrontador de la corrupción.

¿Cuántos de estos bolivarianos sienten a Bolívar en el corazón y cuales lo sienten en la plenitud de sus bolsillos?

¡Alerta …Alerta!

Zaraza, 20 de julio de 2009

MILITARES Y PODER

Los militares son animales de poder. Formados, capacitados e inducidos para el poder; nacen, crecen, se desarrollan y mueren para el poder. No puede ser de otra manera ante el desenvolvimiento de una institución que respira a través del poder y se nutre diariamente del poder.

Con los militares se manejan varios estereotipos, la gran mayoría errados y aumentados exponencialmente en la pifia durante este gobierno bolivariano. Algunos como el conocimiento de la geografía, el derecho y la historia, la verticalidad, el manejo del honor, la lealtad y el coraje; son temas que se blanden oportunamente para tratar de rebatir argumentos políticos de una coyuntura, pero no como un estilo de vida institucional. Con el que nunca se han equivocado es con la vocación y la formación de poder del militar.

Un aspirante a militar, desde el momento en que entra a su instituto de formación siente la atmósfera de poder desde el mismo momento en que pone su pie civil en la prevención. El jefe de la guardia de prevención le lanza las miradas de alguien que es el jefe del cuartel por razón del servicio, el cola de banco que lo recibe, el centinela que marcialmente lo escruta al llegar, el oficial de inspección, el oficial de día, el jefe de servicio hasta que llega al departamento de admisión; todos, incluso hasta los civiles que hacen vida administrativa en la repartición militar ven con cara de poder al civil que aspira a hacer vida militar a partir de ese momento.

La ceremonia de bienvenida al cuartel es algo que va más allá de lo formal. Se trata de desnudar toda manifestación de resistencia, de voluntad y confrontación al poder del superior. No vale la pena narrar la que me correspondió a mí, pero Mario Vargas Llosa y "La ciudad y los perros" pudieran aparejarse al protocolo de recepción de los nuevos de su excelente obra, con el guion organizado por los integrantes de la promoción que me recibió. Todavía atesoro recuerdos de esa jornada, sin ningún trauma; simples memorias de algo a lo que no le conseguí sentido ni argumento; cuando brevemente le solicité a un superior, la razón de ese espectáculo, su respuesta me selló cualquier retruque de nuevo… ¡Firme! fue lo que ladró un brigadier de malas pulgas, mientras yo saltaba la rana con la maleta levantada, sin entender nada. A partir de allí comprendí que esa expresión era una palabra mágica dentro de la institución armada.

El primer semestre en la formación del militar para estimularle la vocación de poder, se inicia conociendo todos los vericuetos de aquella expresión, que a veces se transmutaba en ¡oído! o ¡atención!; pero también descifras el poder de refugiarte verbalmente contra el atropello del superior, cuando le desenvainas abiertamente un ¡Entendido!

Luego pasas a segundo año y empiezas a disfrutar de un poder limitado y confinado. Tienes subalternos, cadetes menos antiguos y comienzas a manosear con la irresponsabilidad de tus años juveniles las expresiones de firme, oído y atención hacia contemporáneos que entran a la institución armada con la misma ignorancia que te empujó a ti y descubres otra frase cuartelera que escuda tu irresponsabilidad adolescente e irrespeto inmaduro para sellar cualquier exigencia de un subalterno. ¡Mala leche! Todo razonamiento abierto y cualquier lógica desnuda, se estrella contra el ¡Mala leche nuevo, esa vaina no es así!

¡Firme! ¡Entendido! ¡Mala leche! Tres expresiones que sirven de arquitectura a la mesa en la que se sostiene la institución armada durante todo el proceso de tránsito de un profesional militar, desde que se prepara en los institutos de formación hasta que empieza a larvar para pasar a la situación de retiro, por tiempo de servicio cumplido.

Las historias oscuras de la Fuerza Armada Nacional residen sobremanera en esos tres resabios organizacionales; solo cuando un superior, arrinconado por la tempestad de argumentos que se estrellan contra la ilógica de sus órdenes y lo irracional de sus actuaciones es confrontado por un subalterno, ya al borde del colapso personal y de la insubordinación militar; aquel apela a la cuarta pata de la mesa ¡Usted pare!

Si usted quiere, querido amigo, querida amiga, comprender la compleja estructura mental de un militar en su proceso de formación y capacitación para el poder; pero fundamentalmente para evaluarlo en su desenvolvimiento y rendimiento como hombre público, tiene que medirlo en los registros de ¡Firme! ¡Mala Leche! ¡Entendido! Y ¡Usted pare! Es una excelente manera de valorar los resultados de este gobierno militar que nos azota, pero también de comprender porque los militares formados y capacitados para el poder, fracasan en la mayoría de los casos cuando están en el…poder.

Caracas, 21 de julio de 2009

LOS BEDUINOS DE ZARAZA

Zaraza es un pueblo privilegiado en todo. No por azar fue bautizado como "La Atenas del Guárico". Fue cuna y lo sigue siendo de poetas de fina lira, periodistas de pluma afilada, músicos de oído excepcional y todo género de artistas que calificaban su potencial de cultura dentro del estado Guárico y en Venezuela. Nuestros políticos, empresarios, militares, médicos, abogados y en general nuestros profesionales dentro y fuera del lar, han servido para consolidar la imagen de gente de la patria chica. Así somos los zaraceños. Guariqueños y de Zaraza.

En cuanto a los recursos dotados por la naturaleza, para darle el toque especial a los zaraceños, podemos decir que somos exclusivos. Tenemos la rara particularidad de tener a disposición por los cuatro puntos cardinales el principal recurso natural. El Agua. Nuestro rio madre, el Unare, atraviesa todo el municipio y drena hacia ambas parroquias con una generosidad comparable a la del creador. Cosas de la naturaleza que nos da un trato especial a los zaraceños. Pero además disponemos para el municipio de las aguas de Ipire, Quebrada Honda, Tamanaco, Laya, etc. Agua es lo que nos sobra a la disposición.

Sin embargo, en pleno siglo XXI, en plena revolución bolivariana, en el esplendor del Socialismo del Siglo XXI, el preciado líquido no llega con eficiencia y oportunidad a todos los zaraceños. Mas del 60% del área urbana de la parroquia capital del municipio, tiene graves problemas de agua potable en la distribución.

El sector El Paraíso toda la vida ha arrastrado el problema de la intermitencia del abastecimiento de agua; y estamos hablando de uno de los sectores mas antiguos de la parroquia. Ni hablar de los barrios nuevos que han ido levantándose de manera desorganizada y sin atender a ninguna de las variables urbanas que se dictan desde la oficina de planificación y de catastro de la alcaldía de Pedro Zaraza. El Terminal, Carlos Andrés, La Invasión, Terrazas, Las Camazas, Prollosa, Planseca, Calanche I,II,III, Membrillar, El Hueco, La Mantequilla son parte de las barriadas que le estrujan a todas las administraciones, la ineficiencia en la solución al grave problema del agua potable que aqueja a la parroquia capital.

Mientras tanto, para todos los zaraceños; continúa siendo un misterio el uso que se le da a dos grandes tanques de agua que adornan las cumbres de Zaraza. El tanque ubicado al frente del viejo cementerio municipal es un enigma su disponibilidad y el de El Paraíso le confirma a las administraciones de la cuarta república y de la quinta su incapacidad para gerenciar el problema del agua potable en Zaraza.

La naturaleza nos doto a los zaraceños de todo cuanto podía, pero además nos equilibró con malos políticos y pésimos gerentes en la alcaldía.

El problema del agua en Zaraza pudiera ser un excelente reto para el Alcalde Alí en el mediano plazo.

Por el camino que vamos, el problema del agua potable nos va a ahogar a todos los zaraceños y nos empuja a convertirnos en beduinos dentro de tanta agua. ¿No es un contrasentido?

Zaraza, 23 de julio de 2009

VENI, VIDI, VICI

Yo esperaba escuchar ayer 24 de julio de 2.008, en la euforia de Manuel Zelaya levantando la cadena que separa físicamente Nicaragua de Honduras entre el Puesto Fronterizo de Las Manos (Nicaragua) y El Paraiso (Honduras) que, en un gesto épico para pasar a la historia de una manera menos burda como lo ha venido haciendo desde su salida en calzoncillos y pijama de muñequitos de Disney el pasado 28 de junio de 2.008 d.c; Mel se impusiera a todos los que le hacían la corte circense – Maduro incluido – y exclamara a todo vozarrón "*Alea jacta est*" (La suerte está echada).

Abrigaba la esperanza sadica que Mel, como su homonino Gibson en Corazón Valiente (Braveheart), la espectacular superproducción de Holliwood que recoge la vida de un rebelde escoces que lidera la resistencia contra el cruel rey Eduardo I de Inglaterra. Cruzara la cadena, se enfrentara a tambor batiente contra el Coronel hondureño que lo impedía en El Paraiso y de un solo envión en zafarrancho de combate, llegara a Tegucigalpa y colocara en desbandada al cruel rey Roberto Micheletti. En lugar de ello, se devolvió, se bajó unas botellas de escoces con el Principe de gales Maduro, y a golpe de tambor y de arpa tuvieron una feroz batalla contra Baco o Dioniso, mientras discutían las interioridades de un edicto que ha venido aplicando Ptolomeo Chavez en el que se configura el Ius primae noctis (el derecho de pernada) en el imperio revolucionario para acceder a altos cargos en los poderes publicos.

Les confieso que ayer dedique todo el día de Bolívar a observar la concentración de las tropas de Manuel Zelaya en Las Manos, esperando que tocara a Generala y se iniciara la marcha de aproximación para la conquista de El Paraiso. Todo no pasó más allá de una entrada comiquísima, una permanencia fugaz en suelo hondureño y una reculada similar a las del que te conté.

Me abordó la frustración. En lugar de ello Manuel Zelaya reculó, se dedicó a posar, a hablar por teléfono celular guilladito con quienes ustedes sospechan, a recibir instrucciones de Cayo Julio Fidel también, a quechar chuletas de Junio Bruto Insulza y a refrescarse con una Coca Cola imperial de lata, como quien hace un comercial exclusivo para la televisión.

Nuestro Julio Cesar bananero y sus legiones de chavistas importados y soportados logísticamente desde la capital del Imperio bolibanano por Ptolomeo I Chavez, desde donde se seguía paso a paso el cruce del Rubicón a través de Telesur; optó por la prudencia y sin aplicar la filosofía caprina retrocedió. Como todo chivo que se devuelve por cobardía, se desnucó políticamente.

Veni, vidi, vici (Vine, vi y venci) son las celebres palabras con las cuáles Cayo Julio Cesar anunció al Senado la rapidez de su victoria militar en Zela 47 a.c, sobre Farnaces II Rey del Bosforo, una batalla con resultados muy eficientes; poco tiempo y esfuerzo. Esta vez, Zela fue para Zelaya una parodia de Vine, vi y me devolví.

Aspiro que esta nueva derrota política en seguidilla, de nuestro Ptolomeo de alpargatas, reedite en algún momento la expresión juliana de Et tu, Bruto ¿Y tu también, Bruto? Mientras el puñal represado en mucho tiempo de Fuenteovejuna se desliza con toda la suavidad de la traición.

Vine asustado, vi rapidito y me devolví más asustado, es el Comentario a la Guerra de las Galias de nuestro Julio Cesar sombrerudo.

Caracas, 25 de julio de 2009

DE MILITARES RETIRADOS

Uno de los sectores más aporreados por la Revolución Bolivariana, ha sido el militar. Hemos sido afectados desde el punto de vista corporativo, institucional y a nivel personal.

Como corporación hemos sufrido un desmembramiento significativo, hemos perdido la misión constitucional, hemos sido agotados en liderazgo, la dotación, la organización y el equipamiento es para consolidar el proyecto político de Hugo Chávez; se beneficia al leal al proyecto político y a quien haya pasado por las pruebas de fidelidad; la organización está completamente atomizada y sometida a la lupa de los comisarios políticos.

Como institución, los valores fundamentales, esos que fueron norma de comportamiento de las antiguas Fuerzas Armadas Nacionales (FF.AA.NN) y la inicial Fuerza Armada Nacional (FAN) están al ras del suelo, la disciplina, la obediencia y la subordinación son recuerdos cercanos, pero recuerdos al fin que ya dejaron de ser una realidad en las que se sustentaba la institucionalidad, la amistad esta arrinconada por el vector político y ha sido segregada por la traición, la intriga y la maniobra; el honor ha sido decapitado por la corrupción, el *lamesuelismo* y la genuflexión; la fidelidad es una quimera; la lealtad es unidireccional hacia el líder único; la verticalidad en el desenvolvimiento institucional ha pasado a ser una horizontalidad entre superiores y subalternos que se confunde con una turba a punto de pasar a los niveles de enardecida; la jerarquía es una puta que se entrega a quien ofrezca y disponga.

En lo individual, el sector militar retirado es *el pagapeo* de los activos. Cuando el régimen quiere enviar un mensaje a los oficiales en situación de actividad, porque estén manifestando alguna situación de incomodidad corporativa o institucional, simplemente le aprieta los testículos a los militares retirados. El gobierno sabe que el destino definitivo de un militar es el retiro y la gran mayoría está calificada como institucional. La mejor encuesta de la correlación de fuerzas en la institución militar está en los retirados; sin temor a equivocarme más del 90 por ciento de los militares retirados está en contra de las políticas militares del régimen y del desenvolvimiento político en general de la Revolución Bolivariana. La mejor manera de castigar a los militares en situación de actividad es negarle los beneficios socioeconómicos a los militares retirados para que los activos se vean en ese espejo y se cohíban de tomar alguna iniciativa que desnude al régimen en eso de que la Fuerza Armada Nacional es revolucionaria, socialista y roja rojita.

La gran mayoría de los militares retirados vive de su pensión. Allí es donde más ha apretado el torniquete el régimen. Tiene más de dos años el Ministerio de la Defensa, contraviniendo normas expresas del Tribunal Supremo de Justica y mandatos judiciales de cumplimiento en torno al reconocimiento de beneficios socioeconómicos para este sector. Esa circunstancia en otro sector socioeconómico hubiera sido causal para manifestaciones y el ejercicio de medidas de presión pública, para obligar su cumplimiento.

Creo que el Grupo Pichincha cumplió eficientemente su función de servir de ariete legal para poner en toda la perspectiva jurídica, la situación de los beneficios socioeconómicos de los militares retirados. Ahora hay que pasar a otro nivel de presión.

Creo que para los militares retirados es el momento de ejercer medidas públicas de presión, en la calle, con pancartas, agrupados como militares retirados, al margen del FIM, de la AMV, del IORFAN, y toda esa constelación de organizaciones de militares retirados que sirven de defensa de los beneficios socioeconómicos de quienes estamos en la tan aporreada situación de retiro.

Mañana sábado 5 de septiembre de 2.009 en la marcha convocada por la Sociedad Civil en Caracas, en la Avenida Francisco de Miranda es un buen momento para que los militares retirados se expresen como corporación, institución y a nivel individual.

Yo espero ver agarrados de la reja antimotines a la cúpula del Grupo Pichincha, del IORFAN, del FIM, de la AMV, de Fenasotropa y otros etc de los militares retirados, tragando gas del bueno y confrontando a la PM y la GN que comandaron en alguna oportunidad, para exigir como militares y como venezolanos, el restablecimiento de la Constitución Nacional.

Yo estaré allí.

Caracas, 4 de septiembre de 2009

TREMENDA MARCHA

Tremenda marcha.

Creo que la expresión cívica y democrática del sector disidente al régimen de Hugo Chávez, de ayer sábado 5 de septiembre de 2.009, se fue por encima de las expectativas.

El gobierno debe estar en unos niveles de preocupación más allá de lo normal.

La marcha del pasado 22 de agosto, la expresión focalista del 4 con su "**No más Chávez**" a nivel mundial y esta marcha gigantesca del día de ayer sábado, debe haber disparado sus alarmas en la Sala Situacional de Miraflores. Los detalles de 22 de agosto fueron superados en esta ocasión. Todas las organizaciones políticas se esmeraron para cubrir los saldos de planificación; pero la mejor expresión fue la de los ciudadanos de a pie, aquellos que no atienden a la convocatoria de ninguna organización política y que poco a poco se han ido movilizando para colocar su grano de arena en el proceso de recuperación de la democracia. Ese porcentaje que se ha ido identificando en las encuestas con el "No sabe/No contesta" y el "Ninguno" en la pregunta de las preferencias políticas y que llevó en su koala y el morral su botellita de vinagre y su protector contra las bombas lacrimógenas del régimen fue la expresión mayoritaria en el dia de ayer. Son quienes ante la presencia y el pasaje de los líderes políticos que estuvieron presentes en la marcha, les hicieron *el fo* y los castigaron con indiferencia al omitir su presencia. Esa gran mayoría, que despreció los discursos de tarima y prefirió rezagarse en la estación del Metro de Bellas Artes (Estamos hablando de casi un 65 por ciento de los marchistas), o que dejó solos a los políticos que entraron a la Fiscalía General de la Republica lanzó un mensaje al liderazgo político que todavía no ha podido ser descifrado; pero que entre la misma multitud se entiende y se descifra como de decepción, de traición y hasta de desencanto.

La marcha de ayer fue exitosa. Estuvo por encima de los números de estos últimos seis años y lo más importante fue que la convocatoria surgió del mismo ciudadano, apelando a Radio Bemba y a los adelantos tecnológicos de las redes sociales como Twitter y Facebok.

La relación entre el costo de la marcha de ayer y los beneficios se percibe como chucuta, como corta en el rendimiento y menguada en los dividendos. Despertar a la gigantesca mayoría que marcho ayer desde el Centro Lido hasta la Fiscalía General de la República significó el costo del cierre de Radio Caracas Televisión, de las 34 emisoras, de la sentencia a los Policías Metropolitanos, de la persecución política, del hostigamiento judicial, de la Ley Orgánica de Educación, de la Ley de Tierras Urbanas, de la relación del gobierno con las FARC y el Narcotráfico, de la politización de la FAN y de las continuas violaciones a la Constitución Nacional de la República Bolivariana de Venezuela, además del ridículo internacional a que está sometiendo el gentilicio el Presidente Hugo Chávez; los beneficios de oír a los líderes políticos en la tarima son como escasitos, cortos e insuficientes y el desorden de presentarse por capítulos en la entrada de la Fiscalía General de la Republica es como menudo y poquito para lo que estaba en riesgo. Excelente la marcha hasta que se vio la tribuna que no tenía nada de improvisada y que delataba alguna concertación con el régimen, hasta que empezaron los discursos y se ejecutó el show de la entrada de la Fiscalía. Cuando se vio la tribuna frente a la Fiscalía, todos tuvimos la oportunidad de empezar a pensar mal y creo que no nos equivocamos. Algún canal de comunicación debió de existir entre quienes se montaron en la organización de la marcha y el régimen.

Demasiada *suelaespuma,* mucha mano suave sobremanera en consideración. Algo esta oliendo mal en este momento. Algún puente debe haberse tendido para modificar el esquema de la conducta reiterativamente ofensiva y *guachamarona* del gobierno. Ninguna bombita de gas del bueno, nada de presencia de Benavides, nada de la GN. Algo debe haber tocado las teclas del gobierno…o de la oposición. Dificulto que la gran mayoría de quienes marcharon ayer, hayan cambiado su participación mayoritaria en la marcha, pacífica y ordenada con veinte puntos en conducta, por las curules del próximo año y las elecciones presidenciales del año 2.012.

Me niego a creer eso. O que se haya cambiado el curso de la marcha y el distanciamiento de la PM y la GN de la fiscalía, por la libertad de un grupito de los prisioneros políticos a cambio de la estabilidad del régimen en los próximos dos años.

Es lo mismo que darle oxígeno. Me niego a creerlo. Pero en materia de maniobras políticas todo es posible.

En todo caso lo importante es que a pesar de haber llegado a la fiscalía, la oposición siente que no hubo ninguna victoria, no se conquistó ninguna bandera y se siente más bien el signo de que la victoria estuvo del otro lado. o voy a seguir marchando sin atender a ningún líder, a partidos políticos, ni las agendas ocultas bajo la manga. En algún momento la carreta estará detrás y los bueyes continuarán tirando de la misma. Hasta el momento los bueyes vienen en la retaguardia y encaramados sobre los pasajeros. Excelente por los ciudadanos el dia de ayer, pésimo por los líderes.

Caracas, 6 de septiembre de 2009

EL CAMINO

Tal cuál como se han venido presentando las cosas, no queda más camino a las fuerzas democráticas y constitucionales del país, que orientar todos sus esfuerzos políticos para constituir un gran vector que sea capaz de aglutinar las aspiraciones del grueso contingente de venezolanos que está consciente de la salida del poder de Hugo Chávez por un camino distinto al electoral y que imponga un plazo lo suficientemente perentorio al régimen. La experiencia está dejando en el camino, las agendas ocultas de algunas organizaciones y otros liderazgos individuales que miran con prioridad las elecciones legislativas del venidero año de 2.010 y por esa misma vía la elección presidencial del año 2.012.

Los ciudadanos han percibido que aquellos han exteriorizado una coexistencia con el régimen, de establecer los mecanismos políticos para consolidar una plataforma que les permita llegar en condiciones favorables a los procesos electorales inmediatos; para ello están obviando el férreo control y la absoluta fidelidad de los miembros de los poderes públicos a favor del régimen de la Revolución Bolivariana, especialmente en el poder electoral. Las individualidades del liderazgo visible que se encarna en la disidencia al régimen, tampoco termina de identificarse con la gran mayoría de quienes disienten de las políticas de la Revolución Bolivariana y el líder único.

La gran mayoría se percibe como alentadora de la opción electoral y poco identificada con quienes se inscriben en un camino constitucional para la solución al problema político del país. De manera paralela puja otro grupo de individualidades identificadas con la izquierda, encabezadas por disidentes de la revolución y otras figuras que luchan por garantizar la permanencia de las fuerzas rojas rojitas actuales, a través de un proceso eleccionario, sin la perturbación del fenómeno militarista que caracteriza al actual régimen.

Mientras no haya una depuración del Registro Electoral Permanente y se deslastre de la participación activa de la Fuerza Armada Nacional en la ejecución del Plan República; no habrá garantía de unas elecciones confiables y legitimas en sus resultados. Eso, no está planteado en el corto plazo en la Venezuela del Socialismo del Siglo XXI. La permanencia de Hugo Chávez y su régimen autoritario y autocrático, con identidades de una dictadura personalista, garantiza su permanencia en el poder por el ejercicio de todas las actividades comiciales venideras.

Las convocatorias a marchar, que se animan desde el ciudadano que no tiene identificación política organizada, es una gran mayoría en la Venezuela que está ganada para empujar un cambio en el presente político, pero que no quiere regresar al pasado; para poder construir un futuro consolidado en la recuperación de la nacionalidad y de los valores de la democracia.

Los caminos políticos iniciados a través de la marcha del 22 de agosto de 2.009 y la gigantesca concentración del pasado sábado 5 de septiembre y los resultados derivados en las agendas ocultas de los factores políticos ganados para construir las alternativas electorales de los años 2.010 y 2.012; obligan a los venezolanos ganados con la aplicación de la Constitución Nacional de la República Bolivariana de Venezuela, a iniciar un proceso de deslinde del actual liderazgo político y a construir nuestra propia plataforma con la cual nos identifiquemos y seamos consecuentes en la definición de los objetivos políticos.

Hay tareas comunes que nos unen, para el asentamiento de una nueva alternativa política, distinta al colaboracionismo y al conformismo entreguista de factores claramente alineados con el camino electoral, ellas son;

1. El desconocimiento de las leyes abiertamente violatorias al texto constitucional.
2. La reivindicación de los derechos humanos.
3. La defensa de nuestros presos políticos.
4. El ejercicio pleno de la libertad de expresión y de pensamiento a través de los canales legales.
5. El enfrentamiento a la persecución política y el hostigamiento policial, a través de la necesidad, la pertinencia, la oportunidad y la proporcionalidad.
6. La denuncia de la judicialización de la política.
7. La recuperación institucional de la Fuerza Armada Nacional, y
8. La permanente denuncia a la dictadura de Hugo Chávez;

Estas tareas serán parte del proceso del retorno al estado de derecho en Venezuela y para garantizar la vigencia de la Constitución Nacional de la República Bolivariana de Venezuela.

Esas serán las labores fundamentales que consideraremos como vías para la restitución constitucional y para recuperar la libertad, la independencia, la soberanía y la democracia en Venezuela.

Bienvenidos los partidos políticos, las Organizaciones No Gubernamentales, la Asociaciones Civiles, los gremios, los estudiantes, los medios de comunicación, los vecinos y las individualidades en general. Esta es una jornada de todos.

Creo que debemos constituirnos a partir de este momento, en una Asamblea de Ciudadanos a nivel nacional con las armas de la Constitución Nacional para resarcir el estado de derecho en Venezuela.

Caracas, 8 de septiembre de 2009

ALIANZA PARA UNA VENEZUELA SIN TENSION

Me niego a seguir formando parte de la comparsa de los políticos. No tengo porque continuar haciéndole el caldo gordo a quienes se niegan a aceptar una realidad del tamaño del Ávila. Hugo Chávez no va a salir por los caminos ortodoxos de una elección.

Los últimos acontecimientos indican que estamos durmiendo con el enemigo. El adversario más importante debemos combatirlo adentro. Desde adentro se está haciendo más daño que el que incita la Revolución Bolivariana.

El Alo Presidente, las bandas armadas, las FARC, el narcotráfico, la corrupción, la inseguridad, la inflación y el militarismo nos está circulando por las venas de todos los disidentes al Socialismo del Siglo XXI están incubados adentro. Tenemos que combatir el enemigo de adentro para poder enfrentar al externo. Es la única manera de verle solución en corto plazo a los males políticos de Venezuela. Leamos.

Nuestros compañeros de viaje en esta coyuntura – los líderes de los partidos políticos – están empeñados en trabajar para las elecciones del año 2.010 y del 2.012. Ignoran o se hacen los locos, cuando dejan de lado el férreo control que tiene Hugo Chávez sobre los otros poderes públicos. Nada ganamos con participar en unas elecciones donde el árbitro (C.N.E) es otro Ministerio del Poder Popular y el responsable de la seguridad comicial (F.A.N) atiende con el "entendido Mi

Comandante en Jefe" las directrices del Plan República, esgrimiendo el lema de Patria, Socialismo o Muerte…Venceremos.

En tanto y en cuanto no se depure el REP y las FAN no retornen a sus fueros constitucionales del articulo 328; todo esfuerzo electoral desembocará en una mayoría roja rojita para las elecciones locales y la Asamblea Nacional del año 2.010; y para las elecciones presidenciales una ratificación al mandato de Hugo Chávez de manera vitalicia en el 2.012. Esa realidad no la quieren ver los partidos políticos y sus líderes, o arrastran el temor de un encanamiento en El Rodeo. A no ser que, por debajo de cuerda, tengan un acuerdo de coexistencia con el régimen. Otra explicación lógica no cabe.

Contra esa fuerza adicional es que luchamos la gran mayoría de quienes asistimos a unas marchas históricas y no le vemos el queso a la tostada, al final de las mismas. Marchamos con nuestros koalas y a medida que vamos haciendo el desplazamiento, algunos compañeros de jornada se encargan de limitar el recorrido, de atenuar nuestras arrecheras contenidas, de canalizar las expresiones, de dispersar los esfuerzos, de atomizar las potencialidades y de colocar toda suerte de obstáculos para impedir la expresión popular y soberana de nuestras manifestaciones. Al final conseguimos en nuestros morrales unos insólitos bloques y hasta un saco de cemento colocados para cansarnos y reducirnos en las convocatorias; son los discursos de atemperamiento con que nos invitan a participar en las venideras elecciones y a seleccionar nuestros candidatos para participar de la fiesta.

Creo que llego el momento de pasar por encima de eso. Si queremos enfrentar el régimen y derrotarlo, antes debemos derrotar nuestros enemigos internos, nuestros *quintacolumnas* que han cumplido eficientemente su papel erosivo y desintegrador. Esos demonios internos de la disidencia han venido construyendo paulatinamente un camino electoral que no nos lleva a ninguna parte, vista la actual coyuntura del país.

Es el momento de construir una alternativa que una a la gran mayoría democrática del país y donde se establezca una plataforma de reencuentro de ese vasto sector que no atiende a identificaciones con el régimen, pero menos con el sector disidente que orienta sus esfuerzos a los procesos electorales, a pesar de la imposibilidad de una victoria comicial.

LA ABSTENCIÓN es una fórmula de lucha política muy compatible con el actual momento político y no ha sido ajena a nuestra historia de luchas. En el año 1.993, el mismo Hugo Chávez desde la cárcel fue alentador de esta estrategia política con limitados resultados para enfrentar el esquema electoral de las elecciones de ese año, que ganó Rafael Caldera. En el año 2.005, para las elecciones legislativas, la oposición de aquella oportunidad llamó a la abstención y obtuvo una victoria que se diluyó con la ausencia de otra planificación que complementara los resultados con otras expresiones políticas y acciones de calle.

El punto es que para diferenciar los caminos de la disidencia actual y para plantear una alternativa viable que solucione el grave problema político del país, LA ABSTENCION en este momento es una formula constitucional expedita y exenta de cualquier contaminación politiquera.

Venezuela tiene diez años al servicio de los objetivos militaristas y guerreristas de HUGO CHAVEZ, eso ha generado una gran tensión en la mayoría de los ciudadanos. Este es el momento de establecer una gran ALIANZA constitucional, para abrir los caminos de la democracia.

LA ABSTENCION es una gran bandera de movilización de la gran mayoría de los venezolanos que esta completamente consciente de la inutilidad de la via electoral con un C.N.E al servicio del régimen y una F.A.N completamente politizada y desnaturalizada en su rol constitucional.

LA ABSTENCION es una forma de acción completamente valida y legal, que facilitaría el proceso de UNIDAD de la gran mayoría de los venezolanos que marcha sin necesidad de una convocatoria, pero consciente de activarse democráticamente, para recuperar los caminos de la paz, la libertad, la independencia y la soberanía de Venezuela.

Los demócratas debemos establecer una ALIANZA para recuperar a una VENEZUELA, SIN TENSION.

Caracas, 10 de septiembre de 2009

VALE A PENA VOTAR EN ESTE MOMENTO

Tres problemas deben solucionar la oposición en el corto plazo para convocar a las elecciones de concejales y a la Asamblea Nacional.

En primer lugar, el CNE. Mientras no se depure el REP y se controle el masivo proceso de mudanza de electores disidentes, las ventajas operaran a favor del régimen.

Luego está el problema de la FAN. El Plan República es el proceso mediante el cual se proporciona la logística a las elecciones y en ello va incluida la seguridad al material y los centros electorales. Una institución armada completamente al servicio de la Revolución Bolivariana y esgrimiendo permanentemente la bandera del Patria, Socialismo o Muerte…Venceremos y obedeciendo ciegamente los mandatos de su Comandante en Jefe, no garantiza imparcialidad alguna.

Y por último, y este es el más grave, está la Unidad de la oposición. Los venideros procesos electorales son más descentralizados, más independientes de la línea organizacional de los partidos políticos y allí radican los inconvenientes potenciales para llevar candidaturas unitarias en los 335 municipios del país y los 24 estados. La atomización de las aspiraciones opositoras opera a favor del régimen. Eso hace difícil que en alguno de los concejos municipales se obtenga alguna mayoría e imposible a nivel de la Asamblea Nacional.

La Unidad de la oposición en este momento es el problema más grave a solucionar para poder tener un margen de éxito en las venideras elecciones.

La tesis de la participación y la ocupación de los espacios por parte de la oposición, no importa lo amplio que puedan ser, ha demostrado en estos diez años de Revolución Bolivariana su inutilidad ante la aplanadora y la irresponsabilidad de nuestros concejales y diputados.

¿De qué sirvió tener diputados opositores en la primera asamblea? Sus ausencias reiteradas a las sesiones sirvieron para apalancar parte de lo que está ocurriendo en este momento en el país y para afincar los graves errores políticos que se cometieron en aquellos años. Esa misma experiencia se está reeditando con los diputados disidentes al chavismo que hoy forman parte de la oposición y tienen curules en la actual Asamblea Nacional.

¿De qué ha servido tener concejales mudos y ausentes de los grandes problemas del país? Nuestros ediles no han logrado asimilar, me consta, que el problema político del país no se soluciona permitiéndole al alcalde chavista el arreglo de un colector de aguas negras en una localidad o construyendo las aceras y brocales de una barriada; mientras se abren los espacios para compartir la corrupción local. El problema político del país arranca por enfrentar al régimen del Socialismo del Siglo XXI, en su cabeza más emblemática, Hugo Chávez.

Asumamos un escenario donde, una vez realizadas las elecciones parlamentarias a la Asamblea Nacional y de concejales, la oposición alcance un generoso 30% de fuerza…la pregunta es ¿Está solucionado el problema político del país? ¿Va a dejar el Presidente de hostigar y perseguir a la oposición? ¿Se acabará el acoso a los medios de comunicación? ¿Se abrirán las puertas del país para el regreso de los miles de exiliados políticos? ¿Se abrirán las puertas de las cárceles para todos los presos políticos? ¿Se activará el aparato productivo del país para reducir los niveles inflacionarios y ampliar el poder adquisitivo de los venezolanos?

Llevemos ese 30% generoso hasta un imposible 40% de fuerza electoral…¿Se acabará la politización de la FAN? ¿La inseguridad de la población se reducirá a hasta niveles normales? ¿Se terminará con el armamentismo y el guerrerismo de Chávez? ¿Dejaremos de pelear con Colombia? ¿Dejaremos de lado la estúpida pelea con el imperio? ¿Dejaremos de cambiar petróleo por caraotas? ¿Nos olvidaremos de la obsesión nuclear con Ahmadinejead? ¿Dejaremos de ser amigos de las FARC? ¿Cortaremos nuestras vinculaciones con el narcotráfico internacional? ¿Empezaremos a meter en El Rodeo a los ladrones boliburgueses? ¿Dejaremos de lado los amores con la revolución cubana? ¿Cobraremos las cuotas de petróleo que generosamente le enviamos a Cuba? ¿Fidel Castro dejará de ser nuestro Comandante en Jefe?

Ahora, vamos a extender ese 40% hasta un 51% utópico de fuerza en la Asamblea Nacional y los concejos municipales, ¿Vamos a recomponer los poderes públicos? ¿El CNE dejará de ser un apéndice del ejecutivo? ¿La Asamblea Nacional dejará de ser un Ministerio del Poder Popular para la Legislación? ¿La Defensoría del Pueblo empezará a defender al pueblo? ¿La Fiscalía General de la República recuperara su independencia? ¿Clodosvaldo Russian empezará a instruir expedientes de corrupción a la Boliburguesia? ¿Los expedientes que tiene acumulado el Tribunal Supremo de Justicia en contra de Hugo Chávez se empezarán a acelerar y a tener decisiones?

Finalmente, alarguemos ese 51% hasta un mitológico 65% de potencia legislativa en la Asamblea Nacional y en los concejos municipales. ¿Ese porcentaje de chavismo duro que está en el orden del 15% en las encuestas…como lo manejamos? ¿Las bandas armadas rojas rojitas como las controlamos con una Fuerza Armada Nacional atornillada con el Presidente? ¿Ese porcentaje es suficiente para empezar a desmontar el régimen castro-chavista? ¿Podemos arrinconar a Hugo Chávez para que renuncie?

Insisto, mientras no haya propuestas viables por parte de la oposición, para solucionar el problema del CNE, de la FAN y de la UNIDAD DE LA OPOSICIÓN, ir a votar es una soberana pérdida de tiempo y hacerlo no soluciona el grave problema político del país.

El régimen siempre tendrá candidatos unitarios, lemas únicos, una sola campaña, un solo emblema, una propuesta central y un solo líder; contra esa realidad los candidatos de la oposición irán cuesta arriba y en condiciones desventajosas.

Esto último hace, que, de esos tres problemas, la UNIDAD DE LA OPOSICION sea el más grave y una de las maneras para empezar a llamar a nuclearse, es construir una plataforma donde ese alto porcentaje de venezolanos que responde a las preguntas de las encuestas se ubica en el NINGUNO o el NO SABE/NO CONTESTA.

Allí somos mayoría, vamos entonces a proponer unirnos en torno a la ABSTENCION.

Caracas, 11 de septiembre de 2009

EL PRIMER ENEMIGO

El primer enemigo a vencer en un proceso de votación en Venezuela, actualmente, es el Consejo Nacional Electoral.

El CNE es un organismo completamente al servicio del régimen de la Revolución Bolivariana. Con un directorio completamente rojo rojito, uno de sus integrantes matizado; con normas abiertamente ventajosas a los candidatos del gobierno, con una estructura organizacional a nivel nacional con estrecha fidelidad al régimen, con una tecnología que aún no ha sido penetrada por el sector opositor, con el mecanismo de cedulación a su servicio (que es lo mismo que decir al servicio de la revolución), con la discrecionalidad para hacer mudanzas de electores, especialmente los inconvenientes de la oposición; con la disposición de un Registro Electoral Permanente (REP) completamente blindado a la supervisión de la oposición; todas esas caracterizaciones descartan de la imparcialidad y el equilibrio al organismo rector.

En diez años de Revolución Bolivariana, la oposición no ha podido demostrar las permanentes e inmediatas acusaciones de fraude que se han ventilado en los procesos electorales desde el 15 de agosto de 2.004. La opinión pública venezolana aún está esperando las pruebas del fraude del Referendo Revocatorio de aquella oportunidad, la victoria en Carabobo por Felipe Acosta Carlés aún no ha sido desmentida, ni la de Diosdado Cabello en Miranda; a pesar de las abundantes denuncias sin soporte que se mercadearon en ese entonces. Ni hablar de la derrota de Manuel Rosales en diciembre de 2.006, de esa ocasión mucha gente de la oposición quedó desencantada y desmoralizada porque no se cobró.

Muchas denuncias, pocos soportes; pero la sensación del fraude siempre quedó en el ambiente. ¿Por qué? Simplemente hemos sido incapaces de detectar el fraude, lo otro es aceptar que Hugo Chávez fue, es y continuará siendo mayoría.

Soy parte de los miles de venezolanos que está consciente que Hugo Chávez perdió la mayoría hace mucho tiempo; pero que también acepta que mientras tenga los hilos del poder en la mano y disponga de los mecanismos para controlar el Consejo Nacional Electoral, será difícil materializar una ilusión para que la actual Presidenta del ente electoral, se dirija al país en una rueda de prensa en cadena nacional para anunciar unos resultados abiertamente desfavorables a la Revolución Bolivariana.

El Karma de Francisco Carrasquero anunciando los resultados del Referendo Revocatorio el 16 de agosto de 2.004 en horas de la madrugada, nos va a perseguir mientras confiadamente le descarguemos a Tibisay Lucena o a quien designe la actual Asamblea Nacional para el cargo de Presidente del Consejo Nacional Electoral.

¿De qué sirve asistir a unas elecciones con un resultado ya cantado de antemano? De la misma manera que estoy consciente, a estas alturas del desempeño político del país, que Hugo Chávez no sale por mecanismos electorales de ninguna naturaleza y de ningún nivel. Participar en una convocatoria electoral tendría sentido si se fueran a respetar las reglas del juego, si hubiera equilibrio en las ejecutorias del ente electoral e imparcialidad en las decisiones.

Respeto la decisión de quienes alienten la opción electoral para participar en los venideros procesos para seleccionar los concejales y los miembros de la Asamblea Nacional…pero insisto ¿Eso va a solucionar el problema de la corrupción, la inseguridad, la inflación y la dictadura que ha establecido Hugo Chávez en la República Bolivariana de Venezuela?

No veo a la oposición trabajando para obligar al CNE a depurar el REP, impedir las mudanzas arbitrarias de electores, denunciar el proceso de cedulación express a discreción, la manipulación de las juntas electorales municipales, la organización roja rojita de los miembros de mesa, la reestructuración ventajosa de los centros electorales y la ampliación del número de mesas con el objeto de beneficiar al régimen y sus candidatos.

¿Dónde está la línea política para reducir nuestras debilidades ante el CNE? ¿Cuáles son nuestras fortalezas electorales para explotarlas ante las estrategias del régimen? ¿Las amenazas electorales del régimen son susceptibles de minimizarlas por la oposición? ¿Qué oportunidad disponemos para sortear los obstáculos de orden legal y de procedimientos; y llegar victoriosos electoralmente? Las respuestas no pueden ser más desalentadoras y mientras eso sea así… ¿qué sentido tiene ir a votar?

Las organizaciones políticas están en este momento a dedicación exclusiva, puliendo sus listas de candidatos; y los miembros independientes que aspiran ocupar curules también están preparando sus maquinarias para enfrentarse con candor a una maquinaria electoral ya curtida y abiertamente favorecida institucionalmente. Pero, eso lo vamos a tocar con el tema de la **UNIDAD DE LA OPOSICION.**

El punto es que mientras el PSUV está afiliando sus patrullas con todos los organismos oficiales, la FAN incluida por la vía de las milicias y la reserva; sus ensayos de los procesos electorales venideros forman parte de una rutina en la que se incluye el mismo organismo electoral. ¿Tenemos alguna ventaja dentro del sector disidente, para alcanzar alguna victoria electoral en los venideros comicios?

Pónganse la mano en el corazón, compañeros de la oposición y respondan sinceramente esas preguntas. Mientras sea así, la ABSTENCION es la mejor propuesta.

En la próxima entrega vamos a hablar del Plan República.

Caracas, 11 de septiembre de 2009

DE QUE VUELAN, VUELAN

Primero fue la imagen de La Chinita en La Basílica de Maracaibo el 21 de agosto de 2.009. Un rayo partió la cara de la Virgen de la Chiquinquirá, Patrona de los zulianos y veneración de muchos venezolanos.

Ahora, después de un sismo, la cúpula del Panteón Nacional se ha doblado, el lugar sagrado donde se venera el honor de la nacionalidad y asiento eterno del sueño glorioso del Libertador Simón Bolívar.

La Basílica de Maracaibo es uno de los centros de veneración mariana más grandes de Venezuela, junto con la Divina Pastora en Barquisimeto, Nuestra Señora de Coromoto en Guanare y la Virgen del Valle en Margarita. En esos cuatro centros se deposita la más grande fe católica y religiosa del país. De los cuatro sectores de fervor místico y religioso, es en el estado Zulia donde el régimen ha orientado la mayor cantidad de odio y sectarismo político.

La interpretación de la iglesia es que La Chinita atajó el rayo para desviar males mayores, que iban a iniciarse desde el Zulia hacia Caracas.

Monseñor Ubaldo santana señala que es una señal de Dios para los venezolanos. Es posible, en terrenos de la fe y de la esperanza todo es posible.

De todos los altares patrióticos y nacionalistas es El Panteón Nacional el que resume el fervor de las glorias de todas las repúblicas que hemos tenido y los bríos libertadores. En él está el sueño eterno de Simón

Bolívar, viendo como aún no han cesado los partidos ni se ha consolidado la unión, al contrario; se han abiertos mayores brechas entre los venezolanos.

La interpretación de los místicos es que El panteón Nacional atajó el sismo para desviar males mayores que iban a iniciarse desde la misma Caracas…hacia la misma Caracas.

La Basílica en Maracaibo es asociada, por supuesto, con la iglesia y el fervor de la mayoría católica venezolana; y El Panteón Nacional es referido a las glorias pasadas de la independencia y la gesta heroica de nuestros libertadores militares.

El rayo del 21 de agosto fue una combinación de elementos como el viento, el fuego y el agua. El sismo del 12 de septiembre fue la expresión de la tierra, el viento, el fuego y el agua. En todo caso en ambos eventos hubo la exteriorización de los cuatro elementos en un lapso relativamente breve; apenas 22 días y eso es una señal bien significativa desde el punto de vista semiótico; especialmente porque las señales hicieron impacto en dos altares erigidos a la fe y a la gloria.

La interpretación es mantener la fe en la respuesta de los venezolanos, para recuperar sus glorias. Los responsables de ese proceso serán La Iglesia y Los Militares, dos fuerzas telúricas tan importantes en una coyuntura política como la actual.

En todo caso, en ambos eventos, el rayo con La Chinita y el sismo con El Panteón Nacional, dejan bastante para la imaginación.

Estos tiempos de rituales sangrientos en el Panteón Nacional, de ataques a la Iglesias y en especial a la católica, de *babalawos*, de baños con la sangre completa de un león, de arroparse en cueros con el pabellón nacional, de gallinas degolladas en los cuarteles, de santería en el Palacio de Miraflores, de sincretismo, de altares en los comandos, de incienso permanente en las cuadras, de traslado del islam y de ateísmo, permite expresar…de que vuelan, vuelan.

Yo por si acaso, me refugio en la fe. No esta demás.

Caracas, 12 de septiembre de 2009

PENSIONADOS Y PRESIONADOS

Pertenezco al grupo mayoritario de militares retirados que vive de la pensión. Es decir, soy parte del grupo de venezolanos que hace malabarismos para sobrevivir al actual estado de cosas y que hace, de llegar a fin de mes con una bolsa de Harina Pan en la despensa, una combinación de magia, Cancha de Sobrevivencia y Evasión y Escape.

Les confieso que hasta hace un año, mi pensión de Coronel me llegaba más allá del mes siguiente. Hoy después del quince de cada mes, el proceso de ecónomo al que apelo para hacer magia y estirar el abastecimiento Clase I hasta el final, es algo que va más allá de David Copperfield. ¡David…retírate!

Ahora entiendo porque Hugo Chávez ha promocionado en la Revolución Bolivariana los circos. El Mago es la vedette en este circo del Socialismo del Siglo XXI donde la taumaturgia es el arte más importante del régimen para hacer desaparecer los rubros más importantes de la cesta básica, pero también para que quienes mantenemos familia los estiremos, hasta más o menos sobrevivir al final del mes.

El problema de la pensión para vivir en condiciones modestas en la honrosa situación de retiro, como se apela coloquialmente a la condición de inopia del retirado; forma parte de la historia feliz de la institución armada. Es obvio que también, esta crónica no llegará a los oídos de otro grupo, minoritario, pero con peso específico en eso de formar opinión y atenuar las arrecheras de la mayoría. Me refiero al grupo de generales y almirantes, parte de viejos altos mandos militares y bajos escrúpulos, para quienes el problema de las pensiones de los militares retirados forma parte de una letanía contigua al ladrido de los perros a la luna. Simplemente son pendejadas.

Esto lo escribo con la convicción de que parte o el todo de lo que está ocurriendo en la actual coyuntura política del país, forma parte del proxenetismo institucional de muchos de los militares en situación de actividad que forman parte de eso que llaman la nomenclatura de la Revolución Roja Rojita y ese anacronismo del Siglo XXI. Pero también hay una gran cuota de responsabilidad de alcahuetería histórica de ese grupo de generales y almirantes, parte de altos mandos militares de la década del 80, de los 90 y ni hablar del principio del milenio.

En materia de pensionados cohabitan muchos grupos. Esta un grupo que usa la pensión de retiro para pagar las propinas en los lujosos restaurantes de La Castellana y Las Mercedes. En ese grupo están quienes groseramente hicieron fortuna con los negociados corruptos de las viejas Fuerzas Armadas Nacionales (FF.AA.NN) y son los autores intelectuales de la creación de ese monstruo político que se llama Hugo Chávez y su claque del 4 de febrero de 1.992. Con esos personajes no hay que contar.

En ningún momento, el tema de las pensiones de los militares retirados, va a ser el atractivo para las conversaciones de estos profesionales de las armas sin almas. Nunca van a estar en reuniones con esta agenda, porque sencillamente su pensión va a parar a los valet parking de Lee Hamilton Steak House, los meseros de El Vizio o el Maitre de Urrutia después de disfrutar un Bacalao a la Vizcaína, regado por un Merlot y con cierre de un Cohiba certeramente guillotinado. La pensión de estos funestos personajes es para los caramelos, como decían en mi pueblo.

¿Hace falta decir nombres? ¿Es necesario hacer un retrato hablado?

¡Muchos de quienes toman café en la Panadería del Ipsfa los conocen de pe a pa en sus expedientes de corrupción!

Luego está el vasto y amplio grupo de quienes viven de la pensión. El grupo que empieza a meter la tarjeta de débito en los cajeros electrónicos a partir del 25 de cada mes, para pedir saldo y suspirar cuando el régimen "ordena" depositar la pensión como una concesión graciosa, cuando es un pleno derecho, luego de haber entregado 30 años de servicio a la patria.

Este grupo tiene una división. Quienes adoptan una actitud pasiva e indiferente, cubierta por el temor de que una expresión de inconformidad pueda ser tomada por el régimen para suspenderle la pensión y son una mayoría circunstancial. Estos toman la autopista de los reclamos oficiales que van a morir a las gavetas de los burócratas tipo Maguila El Gorila, ese personaje del *lamesuelismo* criollo que colocó sus abultadas posaderas en el Minpopo de Defensa y que salió del mismo con un gran *patadón* revolucionario en el mismo lugar por exceso de adulancia, una simpar genuflexión y un record de corrupción que saldrá a la luz pública cuando él mismo decida portarse mal políticamente en contra del gobierno.

Este grupo lo enterrarán en urna blanca, si sigue insistiendo con sus ingenuidades de solucionar el problema socioeconómico de los militares retirados por la vía institucional e introduciendo recursos ante el sistema de justicia al servicio del régimen. Esa vía ya fue agotada.

Luego está el grupo de quienes estiman que ya es el momento de apelar a otros mecanismos de presión para exigir el cumplimiento de nuestros derechos, impunemente conculcados por la arbitrariedad el régimen, y la pasividad y lenidad de los organismos responsables de la defensa. Yo estoy en ese grupo y me importa un carajo lo que haga el gobierno con mi pensión (Vivo de ella).

A propósito, me consta que dentro de este grupo hay cordiales amigos rojos rojitos, amigos del proceso revolucionario y en situación de retiro; animados para integrarse a protestar por la reivindicación de sus pensiones. El hambre no hace distinción entre chavistas y escuálidos.

El concepto que hay que manejar en torno a este tema, es que el gobierno tiene de permanente *pagapeo* a los militares retirados, cuando quiere enviarle un mensaje a los compañeros de armas que están en situación de actividad.

Los militares retirados son el mejor espejo de los militares en situación de actividad. Si se quiere tener una encuesta con bajo margen de error, de la correlación de fuerzas internas en la institución armada; hágala entre los retirados. Allí tendrá la opinión sobre la politización de la institución, sobre el liderazgo militar, sobre la participación de los militares en otros sectores de la administración pública, sobre el equipamiento, sobre la organización; las reservas y las milicias, los comisarios políticos dentro de los componentes, la vinculación del gobierno con las FARC y el narcotráfico, la apología de la guerra y las relaciones con regímenes forajidos, las alianzas con el terrorismo internacional, el apresto operacional y la corrupción interna.

Ese porcentaje que, sin temor a equivocarme, debe estar en el orden del 85% en contra todos los temas indicados anteriormente y un 15% a favor del régimen y del chavismo militante, dice bastante de lo que ocurre aguas adentro de la corporación castrense.

Los militares retirados son la bisagra entre la Fuerza Armada Nacional (FAN) en situación de actividad y el resto de la Sociedad Civil. Siempre habrá un nexo entre los retirados y los activos, a pesar de los esfuerzos del régimen por cortarlo.

De allí derivan todas las decisiones administrativas para perjudicar el estatus socioeconómico de los militares retirados, de su régimen de pensiones y su honrosa condición, que ha pasado a ser horrorosa.

En consecuencia, decisiones políticas deben ser enfrentadas con mecanismos políticos, con acciones políticas y mecanismos de presión constitucionalmente establecidos en el texto fundamental. Allí es donde me gustaría ver a generales, almirantes y viejos jefes militares, encabezando la protesta y levantando las banderas de los reclamos.

Hay dos viejos jefes militares que siempre he admirado por su consecuencia con sus arquetipos personales y la permanente solidaridad con las enseñanzas de la vieja Escuela Militar en eso de hacer "hombres dignos y útiles a la Patria". El General de División Martin García Villasmil y el General de Brigada Héctor Bencomo Barrios, estoy completamente seguro vivieron de su pensión de manera honorable hasta sus últimos días, todavía recuerdo los viejos carros donde se desplazaban y la modestia de sus atuendos, con la humildad profesional y la riqueza intelectual de sus legados.

¡Vamos a ver quién da el primer paso para cruzar la línea de partida (LP) en esto de exigir nuestros derechos adquiridos y llevar nuevamente al militar retirado a eso de "honrosa situación"!

Continuar discutiendo, si somos jubilados, retirados o pensionados no va a solucionar el problema fundamental de la situación socioeconómica de los militares que entregaron parte de su vida a la institución y a la patria.

Así como dentro de los militares retirados son mayoría los Martin García Villasmil y Héctor Bencomo Barrios; yo no creo que dentro de los militares activos sean mayoría los Rangel Briceño.

Mientras tanto, el hambre continúa con su marcha de aproximación…a paso de vencedores.

Caracas, 18 de septiembre de 2009

¿NUEVO PACTO DE PUNTO FIJO?

Formo parte del grupo de venezolanos que ha fijado una posición pública contra el gobierno. Eso me ha representado un karma independiente de las acciones que ha tomado unilateralmente el régimen, como parte de sus propios mecanismos de hostigamiento y persecución.

El gobierno tiene pleno derecho a hostigarme y a perseguirme, y punto. Quien no lo tiene es la oposición o los compañeros de causa.

A medida que el gobierno ha ido estrechando el cerco socioeconómico a los militares retirados, en una suerte de mensaje directo a los militares retirados; me he visto obligado a buscar otra alternativa para paliar la difícil situación económica.

No he metido curriculum en los organismos públicos por razones obvias, pero ya he agotado las copias que, introducido ante las empresas privadas, que me las devuelven con el argumento de "no podemos Coronel y usted sabe porque". Yo he traducido esa respuesta, simplemente como miedo, culillo a la reacción del gobierno, a la retaliación indirecta y a la represalia oficial.

La respeto, pero no la comparto.

La coyuntura demanda que cada quien, cada sector, cada gremio, cada organización fije unilateralmente una posición y se atrinchere en la consecuencia con sus arquetipos individuales y corporativos.

Que el régimen te persiga con sus acciones es comprensible, pero que la oposición te castigue con la indiferencia, la inacción y la omisión; eso sí es verdad que no es aceptable.

La ausencia de solidaridad es el combustible más expedito para la desmovilización. La población es al guerrillero como el agua es al pez, lo decía Mao en su famoso librito y que es una verdad estratégica del tamaño del Ávila; en este momento toda la sociedad civil al frente del régimen, debe de servir de apoyo a todo aquel que disienta.

Estamos ante una coyuntura extrema y hay que ocupar una posición definida.

La ambigüedad, la incertidumbre, la medianía, el desdén y la indiferencia benefician al régimen y sus ejecutorias.

Un momento de riesgos, de cambiar el menudo por la morocota, como decía el Juan Parao del Cantaclaro de Rómulo Gallegos; exige al menos que los compañeros de ruta tengan algún mensaje y una evidencia de solidaridad y de apoyo.

El olvido hacia los presos políticos, el desdén hacia la la gran cantidad de exiliados, la indiferencia con los acosados internamente, la apatía para con los hostigados judicialmente abre el camino para la desmovilización y la despreocupación política, en un momento en que se requiere del activismo de todos.

La negligencia opera a favor del régimen.

Hay que reconocer, que en eso los rojos rojitos han sido más consecuentes con sus partidarios. Sus presos nunca los olvidaron, sus perseguidos siempre tuvieron la concha oportuna y sus exiliados tuvieron la solidaridad de la internacional que siempre dispuso del alero para apoyarlos.

En nosotros no operan las cosas así. Al perseguido y hostigado todo el mundo le saca el culo, al preso lo olvidan y el mismo preso empieza a lanzar conjeturas sobre sus compañeros de camino (Si a fulano no lo encanan es porque tiene un juju con el régimen); y a los exiliados no le aplican la misma fórmula de solidaridad y apoyo de la poderosa maquinaria logística de los cubano-americanos de Florida que aplican los antillanos cuando llegan a exiliarse. En nosotros opera la fórmula de sálvese quien pueda y tú te metiste en ese peo…échale bolas.

Parte de la tragedia de la oposición es la diáspora en la que nos ha arrastrado el viejo liderazgo y el actual. Mientras se arrastren los fardos de la incompetencia, de la ignorancia, del miedo, de las ambiciones, del oportunismo y la ausencia de la proporción histórica y política del momento; el fantasma de la atomización continuará haciendo de las suyas. Cada quien halará para su lado y nos mantendremos en el mismo lugar.

Hacer una enumeración de todos los temas que nos han activado y movilizado en algún momento, nos llevaría más allá de una cuartilla, simplemente enunciarlos sin definirlos.

El caso más a la mano sería el de nuestros presos políticos y los perseguidos; pero… ¿y los exiliados?, ¿los hostigados judicial y laboralmente? El tema de los medios de comunicación y la libertad de prensa es otro, el narcotráfico, las FARC, la impunidad, politización de la FAN y un largo etcétera; al final todos los temas se resumen en cuatro grandes que son Inflación, Inseguridad, Corrupción y Hugo Chávez.

Si te pidieran en una sola línea resumirlos, basta con indicar la violación continua y persistente a la Constitución Nacional de la República Bolivariana de Venezuela.

¿Ese tipo de cosas se soluciona con atesorar todos nuestros esfuerzos opositores para pulir una excelente convocatoria a las elecciones del 2.010 y del 2.012? Yo creo que no.

El proceso de recuperación de grandes banderas como la libertad, la paz, la independencia, la soberanía y la democracia, para garantizar la seguridad y la sobrevivencia de la Nación Venezolana, se inicia porque dentro de la oposición se construya un gran desarrollo de solidaridad, apoyo y defensa de la disidencia.

Mientras no sea así, cada quien andará por su lado y siempre estaremos en el mismo lugar. Lo trágico es que se animará a un gran proceso de desmovilización política y desactivación en el activismo y eso a quien favorece es a los grupos opositores partidarios de la cohabitación con el régimen, en una suerte de Pacto de Punto Fijo rojo rojito.

¿Será por eso que la oposición ha estado desde cierto tiempo en un punto fijo?

No hay solidaridad, no hay respaldo, no hay apoyo; nadie dentro de la oposición hace nada para remediarla. Los ejércitos caminan sobre sus estómagos.

Mientras tanto, la Revolución Bolivariana continuará a paso de vencedores.

Caracas, 20 de septiembre de 2009

EL SON SE FUE

El son regresó a Cuba y no se encontró con sorpresas. La alegría estuvo ausente de la fiesta. El ritmo se consiguió con un público lánguido de emoción y anémico de la vibración que normalmente producen estos eventos. La exaltación de la muchedumbre y el entusiasmo que hubiese provocado un concierto de esta naturaleza, aguas afuera de la isla, fueron los grandes ausentes del jaleo dominical de La Habana. Había más efervescencia en la legendaria figura del Che, al fondo de la Plaza de la Revolución, supervisando que nadie se saliera del guion oficial; en los cubanos presentes.

El concierto del cantante Juanes, animado por el espíritu de llevar su Paz sin Fronteras a la isla se estrelló de frente contra un pueblo macilento de la risa, mustio de las emociones y descorazonado desde hace 51 años.

Termino el concierto de Juanes en la Plaza de la Revolución. Se acabó la magia para la gran masa de cubanos que ayer asistieron a ver a Juanes y sus amigos en concierto.

Con la mítica imagen de Ernesto Che Guevara de fondo y el mar de franelas blancas, con el logotipo de Paz sin fronteras, la música de los artistas invitados para este megaconcierto sacó a los miles de cubanos asistentes de las diarias preocupaciones políticas, económicas y sociales de su rutina.

Yo combatí el concepto de este concierto desde sus inicios. Consideré que se le hacia un flaco servicio al proceso de recuperación de la libertad en Cuba y otros países afectados del mismo morbo revolucionario castrista. Mi oposición se asentaba en que el concierto le proporcionaba oxigeno comunicacional no al pueblo y si a la Revolución y a los Castro. El concierto iba a servir de plataforma de relaciones públicas a Fidel Castro y su hermano Raúl, en una suerte de promoción de una apertura política en la isla.

El concierto en el tenor artístico estuvo impecable. Se le llevó a un pueblo ayuno de alegría, la risa de la música como lenguaje universal de la unidad, de la paz, de la hermandad, de la amistad y de la libertad. Es una lástima que los cubanos hubieran bailado el concierto, tan serios y graves en la fatiga de sus corazones

La apertura de Olga Tañon como solo una artista de la talla de ella lo sabe hacer. Sus temas seleccionados fueron un dardo directo hacia el dictador de la isla. Sin embargo, no hubo un feed back reciproco en intensidad, del público. No percibí una emoción similar a la de sus conciertos en Venezuela y otras partes del mundo.

Disfrute el concierto desde el inicio, montado en la esperanza que Miguel Bosé, un niño terrible de la farándula y con una proporción política distinta a la de Juanes hiciera una tremendura coyuntural y lo hizo. La expresión de referir a la guerra como "una mierda" y al conflicto también, fue una clara orientación a las guerras y los conflictos internos que han estado acogotando a la isla a lo largo de los cincuenta años de régimen castrista. Pero también un lanzazo para los nuevos Fidel que en un decimonónico alarde de mutación se han aventurado a importar el conflicto y la guerra a sus países. Un perfecto retrato hablado al norte del sur de América.

Su interpretación alusiva a la carta de un miliciano que en el siglo pasado fue a la guerra, fue una clara condena al carácter guerrerista del castrismo y por extensión a los regímenes que son hijos bastardos del régimen fidelista. Me gustó su selección, el contenido del tema y su oportunidad. Musical y políticamente fue impecable su participación.

La entonación a dúo con Juanes es algo que vamos a comentar al final y eso estuvo excelente.

El concierto dijo más por la televisión que lo cubrió, que estar presente en el mismo, en relación a los cubanos. No percibí emoción en ellos con los artistas foráneos, ni Juanes, ni Miguel Bosé, ni Olga Tañon levantaron los aplausos de Los Van Van. Carlos Varela, Amaury Pérez y Silvio Rodríguez los cantantes oficiales del régimen los pasaron por bolas en los aplausos y cantaron serios y formales. Al final, repetimos, con la participación de Los Van Van la alegría de los cubanos se animó a exteriorizarse un poco. Antes, eran movimientos mecánicos y sin mucha alegría; tan distintos a los ánimos de los conciertos fuera de la isla, como siguiendo un estricto libreto dictado por la fila de policías uniformados y los camuflados integrantes de los Comités de Defensa de la Revolución (CDR) que se esmeraron para que los cubanos no se salieran de la línea ¿Alguien le robo la alegría a los cubanos?

No vi el bosque de camaritas y teléfonos celulares alzado, para robarse imágenes de los artistas, tan común en este tipo de actividades. Las pancartas que se exhiben para aupar a un artista o a una agrupación también brillaron por su ausencia; parecía un pueblo arreado políticamente para hacer bulto y para bailar con la gravedad de su apatía. El son se fue de Cuba y con él, la alegría.

El dúo de Juanes y Miguel Bosé con su canción dedicada al pueblo cubano donde pedía una isla en el medio del mar y llámala libertad, fue una clara referencia a lo que ha ocurrido durante 51 años en Cuba. Sencillamente impecable.

No percibí emoción en el pueblo cubano asistente al concierto, saque usted de la tarima a los artistas, quite la música y aparataje del escenario y coloque en su lugar a Fidel Castro en sus kilométricos discursos, siembre en la tarima las arengas hacia la Revolución Cubana y la dignidad revolucionaria, coloque los aupamientos a la dictadura del proletariado y a la internacional del comunismo, estimule la igualdad del socialismo y la guerra a la pobreza, no deje de incluir la muerte al imperialismo, asome la invasión de los yanquis por cualquier lado, exprima el añejo discurso contra los gusanos *mayameros* y allí estará la misma emoción ajada de un pueblo al que le robaron la alegría hace cincuenta años y que es arreado para esas concentraciones. Como el de aquí.

Los asaltos espontáneos a la tarima por fans para abrazar a sus ídolos, tan comunes en nuestros conciertos, fueron cubiertos por un aislado abanderado que rápidamente fue invitado a desalojar la tribuna, por un agente de seguridad del régimen.

Vía Twitter, Facebook y la Televisión le hice un seguimiento completo al concierto Paz sin Fronteras y recibí más emoción desde la frialdad de la TV, la PC y el celular que desde quienes estaban de cuerpo presente en la Plaza de la Revolución. Había mucha ausencia de alma, bastante deserción del espíritu y un destierro completo del corazón. El son se fue de Cuba y con su deserción se fue completa la mente en el acompañamiento de la balsa que se enfrenta a las contingencias de la mar embravecida para el reencuentro de la familia cubana. La alegría de los cubanos está a 90 millas de sus costas, oye.

El destierro de la alegría es el eclipse de la marcha del goajiro que aspira asistir al concierto donde se le cante a la libertad también, porque la paz donde se ha exiliado el alma, se ha aporreado el espíritu y se ha encaramado en una balsa el corazón, regresará cuando el cubano tenga la libertad, la independencia y la soberanía para expresar libremente sus sentimientos represados durante 51 años.

El son se fue de Cuba llorando de tristeza.

¿Dónde estaba escondida la felicidad socialista del pueblo cubano?

La alegría que se expresó en el concierto por la paz en la Plaza de la Revolución, es la misma que expresan los cubanos en las concentraciones políticas, marchando como zombis agitando deslucidos las banderitas con la estrella blanca y gritando vivas sin aire, sin oxígeno desde el plexo y sin nada salado en el estómago. ♫♪Goajiro de mi tierra, si pasas por La Habana, no oirás risa cubana, porque el son se fue de allá♪♫.

Terminó el concierto de Juanes en su Paz sin fronteras. Hoy los cubanos regresaron a su libreta de racionamiento, a sus carencias, a continuar levantando banderitas mecánicamente en los discursos de la revolución y a rememorar una alegría que se fue con el son.

El concierto de Juanes y sus amigos en su intento de llevar Paz sin Fronteras II, a Cuba; fue un tremendo espectáculo, musicalmente hablando. Artísticamente estuvo impecable y políticamente se le pudo sacar una tajada más allá del gritico cortado de Viva Cuba libre.

El rendimiento político del concierto hubiera sido mayor si la palabra Libertad se hubiese pronunciado sin las reservas del temor, sin las prevenciones dictadas fielmente por los censores oficiales y sin las discreciones que se impusieron los artistas.

Un fuerte grito de Viva Cuba Libre, hubiese permitido darle otro colorido al guion previo y oficial de la actividad. Al final, un Juanes emocionado, entre dientes, dejándose llevar por la emoción exteriorizó quedamente lo que todos esperábamos.

El saldo deudor de su grito de Viva Cuba Libre, hubiese sido cubierto si le hubiera pedido a la muchedumbre marchita que lo acompañara.

Es una lástima que el son se fue de Cuba y con él la alegría. Ustedes saben mejor porque ¿Cuándo se irá el son de Venezuela?

Caracas, 21 de septiembre de 2009

LARRY KING CON RICKY RIQUIN

Larry King entrevistó anoche a Hugo Chávez. No es el ánimo de esta crónica determinar si el *talk showman* norteamericano arrinconó al mandatario venezolano en sus respuestas, que lo hizo. Y si establecer un análisis de los mensajes que envió Hugo Chávez desde la entrevista.

Es obvio que el entrevistador no hizo de la producción de la entrevista, un alarde de detalles para hurgar en los antecedentes del entrevistado. Creo que se fue por lo más aparente de la vida política de Chávez y sin embargo eso bastó para desnudarlo y exponerlo ante la sociedad norteamericana. Un esfuerzo mínimo de producción hubiera terminado de sacar de las casillas al Presidente, quien permaneció en su esquina durante todo el programa, respondiendo a los dardos del locutor, periodista y presentador de origen judío de la cadena CNN.

Creo que Hugo Chávez fracasó en ese intento de matizarse y disminuirse en la agresividad que le es característica en sus intervenciones y en sus acciones. Me parece que quien perdió la brújula en ese camino de tratar de ganarse a la opinión pública norteamericana, es él. Estuvo perdido en la entrevista.

El primer mensaje de concertar esa entrevista con un icono mediático como el Sr. King y su programa en CNN que ven millones de norteamericanos de costa a costa, en una cadena comunicacional tan invasiva, debe haber contribuido a ratificar la opinión que tiene la mayoría norteamericana, de que el presidente venezolano es una amenaza para el sueño americano.

Un mandatario que ha cerrado medios de comunicación criollos, que ha hostigado empresas editoriales y que mantiene una política de arrinconamiento permanente a la prensa libre en Venezuela; lanza un mensaje en contrario cuando permite en la cumbre del imperio, una entrevista sin limitaciones al king del talk show por la principal cadena de televisión del imperio mesmo, con respuestas solicitando ser amigo de los norteamericanos cuando fue incapaz de condenar oportunamente el ataque del 11S, cuando es aliado de los tradicionales enemigos de la sociedad gringa, cuando sometió a un desconsiderado ataque a la institución presidencial norteamericana en la era Bush y cuando se concierta con la narcoguerrilla de las FARC, el principal cartel de la cocaína que invade el territorio continental . ¿No es un contrasentido?

El mismo entrevistado que le solicitó a Obama en el programa, que entregara a la justicia venezolana a Luis Posada Carriles para ser enjuiciado por la voladura del avión cubano donde murieron 74 personas, es el mismo que en el último viaje a Libia fue a felicitar a Abdel Basset Ali al-Megrahi, condenado por la voladura del avión Pan Am Airliner en Escocia con un saldo de 270 muertos y liberado posteriormente por medidas de gracia del gobierno escoces. En la entrevista con el Sr. King, Hugo Chávez esperaba que no hubiera dos Obama…pero ¿Quién está exteriorizando una bipolaridad?

La respuesta sobre sus alianzas con las FARC y otras organizaciones terroristas, fue emblemática. Mientras exista Youtube, los blogs, Twitter, los portales electrónicos y Facebook (mayoritariamente usados en USA) unas simples incursiones a estas referencias se constituirán en el más categórico mentís a la declaración contenida en sus mentiras frescas. El discurso en la AN de Venezuela solicitando categoría de insurgencia a los narcotraficantes de las FARC, la carta a Carlos El Chacal, el minuto de silencio ofrendado a Raúl Reyes el número 2 de las FARC, la estatua de Marulanda en el sector del 23 de enero (Detrás del Palacio Presidencial de Miraflores) deberían de habérsele estrujado a Hugo Chávez. ¿De Larry King al king de la mentira?

La pregunta sobre sus alianzas con los tradicionales enemigos de USA en el mundo árabe y la declarada enemistad con Israel, provocó una respuesta descocada y fuera de lugar. Creo que el Presidente Chávez no investigó que su entrevistador es de origen judío, pero más allá de eso, la declaración contribuyó a profundizar los recelos que existen en los altos medios políticos norteamericanos, especialmente en el Departamento de Estado y el Pentágono, que Hugo Chávez es una amenaza al interés de la democracia, la paz, la libertad y la independencia en el mundo occidental; criterios que van más allá de la Seguridad Nacional y el Interés Nacional de Estados Unidos de Norteamérica.

El tema nuclear y su enemistad con Estados Unidos lo desestabilizaron. Su balbuceante respuesta lo dejó sin argumento y exteriorizó que en el tema carece de la fundamentación correspondiente para satisfacer una investigación similar de la que tiene en este momento Irán. Un país que tiene las mayores de reserva de petróleo a largo plazo, gas del propiamente bueno y una potencialidad en la energía hidroeléctrica, no justifica en este momento acometer una carrera para la energía nuclear y continuar esa suerte de provocación permanente en la política mundial.

Hugo Chávez quiere jugar en las grandes ligas, pero del terrorismo nuclear y eso es peligroso para la seguridad de la nación venezolana. En algún momento se conocerán las interioridades de los acuerdos secretos de naturaleza militar que se han suscrito entre la República Bolivariana de Venezuela y Bielorusia, Irán y Rusia. Ojalá los detalles no tengan similitudes con la crisis que puso al borde del holocausto nuclear al mundo en octubre de 1.962, con Fidel Castro, Nikita Kruschev y John Kennedy de protagonistas en plena Guerra Fría. Los remito a la carta suscrita por Fidel en esa oportunidad, hacia Nikita donde incitaba a apretar el botón para desencadenar la tercera guerra mundial.

En este punto, Hugo Chávez olvida la noción de estado que siempre se ha manejado, en términos del procesamiento, valoración y conclusión de naciones serias con política exterior. Las expresiones de los altos dignatarios, cuando las vértebras con sus acciones permiten derivar inteligencia para la seguridad del estado. Con nuestro mandatario criollo los analistas de las cancillerías de nivel mundial, más allá de lo folclórico, ya deben haber deducido el nivel de amenaza, el estatus del peligro político, el grado de presión diplomática, las cotas de realidad y las categorías de pertinencia de eso que llaman Revolución Bolivariana para el patio interno y Socialismo del Siglo XXI para la sub región y el continente. No olvidemos, repito, a Fidel Castro y la crisis de los misiles del año 1.962, de eso vamos a hablar posteriormente.

La declaración de ratificar que el chorro de petróleo venezolano continuará fluyendo hacia el norte independientemente de los cursos y acciones políticas, es la expresión más importante de la entrevista. Hugo Chávez ha querido siempre deslindar de criterios económicos su revolución y ha mercadeado la conquista de otros mercados para el crudo venezolano. China, India, Rusia, Bielorusia y otros mercados antípodas forman parte de las ilusiones de Tribilin, para la construcción de unas alternativas distintas al consumo yanqui; pero eso no ha pasado más allá de sus acostumbrados truenos revolucionarios y de su huracán logorreico del Alo Presidente dominical. El crudo venezolano continuara alimentando las refinerías de Citgo, para la producción de la gasolina que se expende en las 18.000 estaciones de servicio norteamericanas, que contribuyen a facilitar el estilo de vida norteamericano, eso que llaman el sueño americano y que los venezolanos ya tenemos confirmado, es la misma aspiración de Hugo Chávez en la comodidad de sus hoteles cinco estrellas, los lujosos aviones, los trajes de corte burgués, las corbatas de seda italiana, las exquisitas viandas y mejores bebidas; y en sus satélites en eso que llamamos coloquialmente la boliburguesia. ¿De King a Riquin?

Su admiración hacia Fidel, su combate a la pobreza, la publicidad hacia el socialismo, fueron cortinas posteriores en la médula de la entrevista. Creo que el Señor King presentó a Hugo Chávez como un gran arribista inescrupuloso a quien le gusta la buena vida y las comodidades del capitalismo y en ese proceso de maquillaje político ha construido un discurso demagógico y populista montado sobre las carencias de los pobres. Un nuevo rico montado sobre las debilidades de una sociedad aporreada ancestralmente.

Finalizó la entrevista y salió raudo a tomar el lujoso Jet de Cubana de Aviación, directo hacia la Isla de Margarita, a la Cumbre de Mandatarios América del Sur y África, un club de amigos donde van a reunirse casi mil años de dictadura y amenazas a la paz, la democracia, la libertad, la independencia y la soberanía de los occidentales; todo eso financiado con los dineros del petróleo de los venezolanos. Una buena manera de responder a la pregunta que hizo Larry de… ¿Por qué los venezolanos con tanto dinero que ha ingresado, son tan pobres? Una excelente pregunta de King a Riquin.

Creo que erró sideralmente Hugo Chávez al concertar una entrevista con Larry King. La aparente ingenuidad de las preguntas del *talk showman* llevaba una curva rabo e cochino que lo expuso ante la sociedad norteamericana y su opinión pública, en la bestia tal cuál como es.

En todo caso la entrevista demostró y confirmó que el micrófono de un periodista puede hacer más daño que un misil.

Hugo Chávez un riquin a quien desnudó Larry King.

Caracas, 25 de septiembre de 2009

NUESTRA BALA DE PLATA

Nada que se active dentro de la oposición al régimen de la Revolución Bolivariana y el Socialismo del Siglo XXI del Presidente Hugo Chávez escapa a la polarización que acogota en este momento a la sociedad venezolana, según "el proceso de cambios" iniciado hace diez años.

Bajo ese criterio, disiento de quienes declaran unilateralmente que los estudiantes activaron la huelga de hambre y es la responsabilidad de ellos, levantarla sin que a los demás le corresponda hacer las evaluaciones en las que va implícita la crítica correspondiente.

Hugo Chávez no da puntada sin dedal. Nada sale de los cenáculos de la Sala Situacional del Palacio de Miraflores, que no atienda a la línea de consolidar la revolución y extender su poder, más allá de las posibilidades constitucionales. Ya tiene abierto el camino en ese sentido y la vereda de sus violaciones se ampliará en la medida que la oposición continúe errando en sus políticas, desviándose de las estrategias (Si existen), ausente de un liderazgo único y contribuyendo a fortalecer la atomización actual.

En diez años de oposición hemos cometido cualquier cantidad de errores que deberían de haber originado algunas enseñanzas. La reincidencia en los mismos, la reedición de las pifias y la terquedad en poner en acción los mismos escenarios, esta vez con actores abiertos distintos; nos encaminan a dar vueltas en círculo y con grupos adversos entre sí. Mientras tanto Hugo Chávez consolida su proyecto político y avanza a paso de vencedores. ¿Será difícil aceptar una realidad que está a la mano?

En el gobierno de Chávez, hemos probado toda suerte de soluciones para confrontar el problema político de Venezuela, que está definido y concentrado en torno a la figura del Teniente Coronel Hugo Rafael Chávez Frías. Desde las ortodoxas hasta las menos ortodoxas posibles. Las extremas se han circunscrito a la aplicación del artículo 350 de la Constitución Nacional de la República Bolivariana de Venezuela. Si, esa norma expresamente señalada en el texto constitucional y a la que el gobierno quiere tapar convenientemente; y a la que algunos factores de la oposición ni siquiera aluden por razones convenientemente electoreras y de cohabitación gobiernera.

Resulta que en la única oportunidad que ha habido una victoria contundente, incluso con la salida breve de Hugo Chávez del poder – ha sido por la conjunción cívico militar del 11 de abril de 2.002, en una suerte de aplicación del artículo 350 de la Constitución Nacional. Los errores de esa ocasión son válidos en el comentario, porque su reedición en las experiencias posteriores le ha sumado a la oposición cualquier cantidad de decepciones y peores consecuencias. La desmovilización es una de sus secuelas.

La otra victoria lo fue el llamado abstencionista del 4 de diciembre de 2.005. La respuesta fue contundente y abrumadora en los resultados numéricos hasta esa fecha. Cosa distinta fue la ausencia de un plan adicional que complementara con movilizaciones de calle y activismo político de cara a la confrontación con el gobierno, que permitiera ejercer suficiente presión al régimen, para obligarlo a negociar. Eso no existió y la victoria de la abstención se diluyó en inacción, omisión y aceite para una maquinaria electoral que se estrelló de frente con la candidatura presidencial de Manuel Rosales, quien no cobró, perdió y se llevó las esperanzas de la oposición hasta Lima, Perú.

Luego, el mismo régimen nos abrió el frente de combate con el cierre de Radio Caracas Televisión, eso activó al movimiento estudiantil en la calle y el oficialismo trató de sacar un trapo rojo con el llamado a una reforma constitucional que fracasó y coronó pírricamente el 2 de diciembre de 2.007 la oposición.

Nuestras victorias han sido contraatacadas con resultados favorables al gobierno. El 11 de abril de 2.002 (Movimiento cívico – militar) originó la reacción exitosa del 13 de abril; el 4 de diciembre de 2.005 (Estrategia de la abstención) desembocó en el descalabro de Manuel Rosales el 6 de diciembre de 2.006 (Elecciones Presidenciales); y el 2 de diciembre de 2.007 (Referéndum de la Reforma) provocó los resultados favorables al régimen del 23 de noviembre de 2.008 (Elecciones Regionales) y estos fueron rematados el 15 de febrero de 2.009 (Referéndum de la Enmienda). No creo que haga falta abundar en los detalles.

Los otros reveses han sido balas de plata que hemos usado a destiempo, sin criterio, sin planificación, con ausencia de coordinación y sin proporción política e histórica. La jornada de la Plaza Altamira, el Paro de diciembre de 2.002, las movilizaciones de febrero y marzo de 2.004 (La Guarimba) y el referendo revocatorio fueron estacas que dejamos de clavar al régimen en el corazón. Si se pudiera resumir en una sola línea, el camión de errores, es inevitable subrayarlo; liderazgo.

Hemos sido incapaces de iniciar una explotación del éxito y desarrollar una persecución para ampliar nuestros márgenes de victoria, en los pocos eventos exitosos que hemos tenido en diez años, porque hemos exteriorizado una incapacidad de engranar sinergeticamente el archipiélago de liderazgos dentro de la disidencia. Las agendas unilaterales chocan abiertamente, dejando poco margen para los encuentros y las coincidencias, y si resaltando las diferencias; y habitualmente eso facilita la labor del régimen, que atiende a un solo liderazgo, una sola política, una sola estrategia canalizada hacia una sola fuerza. En la oposición orbita todo género de constelaciones de distintas magnitudes. ¿Es difícil aceptar esta realidad?

En este momento, dentro de la oposición orbitan varias fuerzas. La oposición ortodoxa está a dedicación exclusiva al engranaje de su maquinaria organizacional, para las elecciones del año 2.010. La contumacia de la salida electoral para enfrentar un régimen que ha copado todos los espacios del poder público, es una insistencia que se viene estrellando contra la realidad de un Consejo Nacional Electoral al servicio de la revolución y que focaliza todas sus decisiones con, para, por, en y desde el Palacio de Miraflores. ¿Hace falta evidencias?

Luego esta otro tolete que ha venido engrosando paulatinamente a la abstención histórica del país. Ese grueso porcentaje que se ha ido desmovilizando con las persistentes derrotas electorales y la ausencia de unidad dentro del liderazgo opositor. Ese indicativo señalado con las respuestas No sabe/No contesta y Ninguno en las encuestas, sigue nadando en el medio de la borrasca, esperando el auxilio de un liderazgo, una propuesta, una alternativa que vaya más allá de la opción electoral. Eso no lo han querido entender los líderes de los partidos políticos; pero también las cabezas visibles de gremios, universidades, sindicatos, estudiantes, empresarios.

La reactivación de las gigantescas movilizaciones del 22 de agosto de 2.009 y del 5 de septiembre de 2.009, son unas lecturas erróneamente interpretadas por la dirigencia de los partidos políticos. El mensaje no fue lo suficientemente descifrado y las desgraciadas conclusiones del liderazgo han contribuido a erosionar el ánimo opositor, la voluntad de combatir de la disidencia, el entusiasmo de los demócratas y el interés de participación que se había repuesto en las fuerzas de la oposición, a partir de esas marchas. Los venezolanos quieren soluciones al problema político.

Nada había turbado la calma chicha del régimen, hasta que él mismo incurrió en el error de arreciar con la represión y tratar de arrinconar nuevamente. Encanó al Prefecto de Caracas, Richard Blanco; enjauló al estudiante Julio Cesar Rivas Castillo y puso a correr a

Oscar Pérez. Tres representantes de tres sectores abiertamente adversos al régimen. Estudiantes, políticos y gobiernos de oposición. Con ello quiso enviar un mensaje con destinatario definido. El mensaje llegó y recibió una respuesta inesperada. Una huelga de hambre originada desde el interior por estudiantes, que ha venido incrementándose para temor del régimen. ¿Cuál es la preocupación?

La bala de plata de la oposición que está consciente de la solución al problema político del país, la encarna los estudiantes y sus acciones potenciales. Las acciones potenciales de los estudiantes son las marchas y ahora que han incorporado la huelga de hambre como mecanismo de presión, con excelentes resultados en otras experiencias.

El riesgo de la huelga de hambre es el pliego de solicitudes que vayan a hacer al gobierno nacional. Debe haber claridad que nuestro antagonista no es la OEA, ni la ONU, ni Brasil, ni Estados Unidos. Nuestro oponente es el régimen de Hugo Chávez y hacia allá debe dirigirse la presión que se ejerza.

Hemos hecho dos disparos anteriores con nuestra bala de plata. Los resultados del referéndum aprobatorio a la reforma constitucional del 2 de diciembre de 2.007, fueron la consecuencia de la actividad de los estudiantes en la calle, después del cierre de Radio Caracas Televisión. Fuimos incapaces de rematar y consolidar nuestra victoria y de allí la derrota electoral del 15 de febrero de 2.009.

Los estudiantes se han movilizado ahora con la novedad de esta huelga de hambre que puede arrinconar al régimen de Hugo Chávez, si se establecen objetivos claros, se activa una vocería plural, se define la estrategia única, se estructura un pliego de solicitudes viable y negociable con el gobierno (insisto…la presión es hacia el gobierno de Hugo Rafael Chávez Frías) y hay respuesta de la sociedad civil en el apoyo y la solidaridad hacia los estudiantes.

Se levanta la huelga con el grito y la alegría de haber alcanzado los objetivos ¿Cuáles? Y con la decisión unilateral de dejar por fuera a los otros sectores de la sociedad civil. ¿Qué sentido tiene solicitar el apoyo y la solidaridad del resto de la sociedad en ese compromiso, si no vas a consultar posteriormente las decisiones fundamentales?

El problema político actual es que no hay nada que se mueva políticamente, desde Castillete hasta Punta de Playa, desde la Isla de Aves hasta la Catarata de Huá que no tenga la contaminación de la polarización política.

Un régimen que no se dio por enterado de la huelga, que no sintió la presión interna de la misma, que no obligó a una movilización de su aparato represivo, comunicacional y político; es la confirmación de que la presión de la Huelga de Hambre de los estudiantes se orientó hacia otra dirección o simplemente no la hubo; en consecuencia, no fue exitosa.

Aceptar como un logro la declaración del secretario general de la OEA, José Miguel Insulza y la promesa de solicitar al gobierno nacional la presencia de la CIDH para confirmar la realidad de los presos políticos y la persecución y hostigamiento a la disidencia, es una conclusión equivocada o una pésima negociación. Levantamos la huelga de hambre en plena efervescencia, a cambio de una promesa de un aliado estratégico del régimen ¿o alguien ignora hacia donde late el corazón de Insulza?

La relación del costo político de una huelga de hambre y lo que ello implica; y el beneficio de una promesa volátil de la OEA de solicitar al gobierno la presencia de la CIDH en el país, no contrapresta la bala de plata que se quedó sin percutir. Simplemente presionamos a la OEA y aún el gobierno no se ha dado por enterado. Nos montamos en el ring y todos los golpes se los lanzamos al árbitro, mientras nuestro oponente real y efectivo que es Hugo Chávez, ni siquiera se levantó del banquillo.

Si se activa una huelga de los trabajadores en el país, el resto de los sectores debe ligar a que ese conflicto escale y se coloque en niveles de presión intolerables para el régimen. Eso es válido para los educadores, los médicos, los conductores, los trabajadores petroleros, etc.

Una huelga de los estudiantes en este momento, es una huelga de todos los venezolanos que sueñan con la salida por la vía de la aplicación del mecanismo constitucional del artículo 350, del régimen de la Revolución Bolivariana. Si no es así, no tiene sentido estar solicitando el apoyo y la solidaridad de los otros sectores, justificar que "es una actividad de los muchachos", pedir el refuerzo de los medios de comunicación nacional e internacional y pujar para que se le haga un reconocimiento de la huelga.

Salió de la prisión Julio Cesar Rivas Castillo, eso fue un logro significativo de la huelga de hambre, quedan otras metas políticas por alcanzarse que se materializaran en la medida que se logre afinar la estrategia y se consolide la unidad en el liderazgo; incluso dentro del sector estudiantil.

Los estudiantes gastaron una bala de plata con la huelga de hambre, pero ya vendrán oportunidades para acertar en el mero centro de la mitad del medio.

Caracas 1 de octubre de 2009

LA QUIMERA DE LA UNIDAD

El problema interno de la oposición a Hugo Chávez es que los desacuerdos los calificamos automáticamente de colaboracionismo, infiltración, tarifa, sapos, renegados, traición, golpistas, *trescincuenteros (Por el artículo 350 de la Constitución Nacional), militares,* milicos y cualquier cognomento que pase por diferenciarnos abiertamente de nuestros compañeros de ruta, no importa cuánto nos parezcamos a lo que estamos combatiendo; a saber, la intolerancia, la exclusión, la barbarie, el fanatismo, la intransigencia y el sectarismo.

Quien no esté afiliado a nuestra idea de sacar a Hugo Chávez del poder, sin pasar por los tiempos entra en un estado general de sospecha, como lo decía ese filósofo de revólver al cinto, llamado Eliecer Otayza.

¡Eres sospechoso y punto! A partir de allí empieza el calvario político para quien estaba animado de participar en eso de la disidencia.

La calificación de enemigo viene por añadidura. Cada vez que hacemos esto, el salivazo nos cae completo en la cara a nosotros mismos. En particular a esa utopía que se llama la unidad de la oposición.

Tenemos desacuerdos dentro de la oposición, característicos de la democracia que queremos recuperar; pero el comportamiento para desplazar al adversario supera en rendimiento a los métodos del Socialismo del Siglo XXI y en precisión a los estilos de la Revolución Bolivariana. Los muchachos del G-2 quedan en pañales ante nuestra política de segregación.

Basta que alguien mencione la bandera de la abstención, para que automáticamente los partidarios de la oferta electoral del 2.010 le hagan el *fo* de la exclusión a todo género de debates y discusión.

Quienes sueñan con la salida militar, ipso facto se les pega con pintura amarillo tránsito terrestre, un letrero de golpista o milico y a quienes se van por vías menos ortodoxas se les tatúa terrorista en los brazos con numeración incluida. Demás está decir que el apartheid de la comunicación se le impone desde ese mismo momento y se le execra de todo tipo de foros y aparición pública. Son en este momento una suerte de leprosos políticos y sidosos de la coyuntura. Pero ustedes no se imaginan, cuanta gente hay, que sueña con esta vía del *fast track*.

Los partidarios de la vía electoral son los colaboracionistas del régimen, según el control de calidad de la disidencia. Es la oposición oficial que recibe las bendiciones del régimen y le hace el caldo gordo a las pretensiones de Hugo Chávez de eternizarse en el poder, mientras se ocupan una que otra gobernación, un puñito de alcaldías, una mascada de concejales y un pírrico 30% de diputados a la Asamblea Nacional, en una suerte de cohabitación con el régimen. Son esos a quienes la imaginación y la realidad ven entrar entre gallos y medianoche, a La Viñeta o a Miraflores, a conversar con Hugo Chávez de la distribución de los cargos en la Asamblea Nacional o el número de gobernaciones y alcaldías o en todo caso el musculo político que normalmente los mueve; la distribución de las tajadas de los contratos oficiales. Estos realmente sueñan con la reactivación de un nuevo Pacto de Punto Fijo rojo rojito.

Luego están los *tresciencuenteros*, ese grupo que fantasea con la aplicación del artículo 350 de la Constitución Nacional de la República Bolivariana de Venezuela, pero que choca más con la oposición que con el mismo régimen, en la presentación de su oferta política. Asisten a todo tipo de marchas e idealizan con que esta escale lo suficientemente como para llevarse por delante todo tipo de barreras y colgar sus chinchorros en las rejas del Palacio de Miraflores.

En torno a estos cuatro toletes orbita todo género de figuras con sus combos, sus agendas, sus reuniones excluyentes y sus laboratorios de guerra sucia para descalificar a los otros. Es de allí desde donde surgen las clasificaciones de traidores, radicales, colaboracionistas, tarifados, sapos, renegados, traidores, infiltrados, golpistas, tresciencuenteros, milicos, saboteadores, vendidos y cualquier otro título que desplace al adversario y que dejan como niños de pecho a los cubanos del G-2 que están en la Sala Situacional del Palacio de Miraflores a dedicación exclusiva para eso; pero que la misma oposición los ha dejado ociosos.

En materia de *Opsic* (Operaciones Sicológicas) la misma disidencia ha seleccionado su audiencia objetivo, ha estructurado su mensaje y ha sabido seleccionar sus medios de difusión con una precisión exageradamente rigurosa, lo que le ha permitido alcanzar unos resultados sobremanera eficientes. Los partidos políticos no llegan al 12% en las encuestas y la gran mayoría se matiza en los Ni Ni. Nadie cree en nadie.

Cualquier duda de este desarrollo la aclaramos con nuestro desempeño en la web. Muy pocos aceptan como amigos a chavistas en Facebook, quienes disienten de nuestra línea política opositora son bloqueados en Twitter, la #listasanchez, #listaromero y #listacifras circularon abiertamente y dejaron una pésima referencia del desenvolvimiento intraopositor. Nuestros correos no tienen como destinatarios en la mayoría de las veces a rojos rojitos y nos encanta poner a circular dicterios y calumnias del liderazgo opositor. Aquí entre nos, algunas veces son verdades del tamaño del Ávila.

Nuestros *GI – Joe (Guerreros de Internet – Jacobinos, Opositores, Escuá*lidos) a veces aprietan la tecla de la descalificación como si Ahmadinejead estuviera puyando el botón de la bomba atómica para desaparecer a Israel; y si son nuestras GI-Jane (Guerreras de Internet – Jacobinas, Arrechas, Nacionalistas, Escuálidas) esas manejan la Katana del suprimir en el teclado con las mismas destrezas de Uma Thurman en Kill Bill, cuando atisban una desviación opositora.

Dicho así, la ruta de la unidad ha sido y continuará siendo tortuosa; mientras no identifiquemos nuestras diferencias y nuestras coincidencias. Lo inteligente es resaltar estas últimas y tratar de minimizar aquellas.

Mientras tanto golpistas, tresciencuenteros, oposición oficial y abstencionistas continuaremos tratando de coincidir en un camino sembrado de las minas de la traición, la delación, la infiltración, el colaboracionismo, la tarifa, el oportunismo, los renegados, los saboteadores, los vendidos, los radicales, los sapos y los milicos; sembradas por el harakiri de nuestra propia operación sicológica.

La unidad así, parece una quimera. ¿No creen ustedes?

¿Será que somos masoquistas?

Caracas, 7 de octubre de 2009

EL TERCER REI

¡Si! Lo estamos escribiendo con la "i" latina para poder establecer la analogía que a ustedes se les pudiera originar y la que les venga en gana, pero adonde hay que arribar inevitablemente es que este Tercer Rei se parece como dos gotas de agua al Tercer Reich. El único parangón que es dable, visto el actual estado de cosas desde hace diez años y con la óptica de los análisis de contenido de estos momentos y los enjundiosos análisis que pudieran ocurrírsele a cualquier científico social. ¡El Tercer Reich de Adolfo Hitler es aparejable con el Tercer Rei encarnado en la figura de semideidad de Hugo Chávez!

El Primer Rei de la provincia de Venezuela lo hubo con Miguel de Buría. Desde 1.553, fecha en la cual el Negro Miguel del Barrio inicia una rebelión en las minas de Oro de Buría entre la actual Barquisimeto y San Felipe.

El Negro Miguel, esclavo de Pedro del Barrio, era un negro ladino y resabiado que se alzó contra su amo porque éste intentó amarrarlo para azotarlo, pero el Negro Miguel le ganó a su amo (Los Altos Mandos de la Cuarta República) en velocidad y de un fuerte arrebatón (El 4F) le quitó la espada, y en medio del alboroto logró huir a las montañas (Bajo cualquier repunte imaginativo la comparación de la felonía del 4 de febrero y este lance tiene todo género de sintonía). Por las noches salía a convencer a los demás negros e indios para que se unieran a él y escaparan de la explotación y los castigos (Este fue un episodio exacto de Patria Boba) a que estaban sometidos en las minas de Buría de San Felipe (¿Se acuerdan de la campaña de las elecciones de 1.998 con la que convencieron a media Venezuela apendejeada?). Con su insistencia logró que le siguieran 20 personas entre negros e indios, con ellos dio muerte a varios mineros españoles (Demás está decir que esto se refiere al imperio… al imperio mesmo)y otros los mantuvo prisioneros haciéndoles torturar, luego los liberó y les indicó que comunicaran a los blancos de Nueva Segovia (Barquisimeto) que estuvieran preparados porque él se iba a vengar de los maltratos causados a su gente (Yo me imagino que desde acá arranca eso de los escuálidos…ustedes saben), y que el Negro Miguel (De esos tiempos era la Campaña Mediática) no era tan malo, puesto que les estaba avisando (Yo asumo que este es el origen de Alo Presidente).

La fama del Negro Miguel se extendió por toda la comarca (Telesur de aquella oportunidad también se puso los pantalones), lo que le permitió que se agregaran más de 180 trabajadores de las minas, con los cuales se internó montaña dentro. Entre empalizadas y trincheras formó su monarquía, se hizo aclamar como Rey y congregó un vasallaje de indios y negros en torno a su trono (Lo de echarle vaina a los blanquitos e hijos de papá no es de ahorita). Nombró Reina a una negra que era su concubina, de nombre Guiomar, y con la cual había procreado un hijo a quien nombró heredero del trono (Cualquier parecido con la realidad, es simple analogía histórica). En medio de aplausos designó a sus oficiales y ministros (Algo así como actualmente se está designado a los generales y almirantes; y a quienes van a integrar el Alto Mando Militar) y hasta un obispo, escogido entre los negros de mayor prestigio y conducta intachable (Me imagino que sería un moreno nacido en Morón...ta listo y ahí mismo).

Así creó el Negro Miguel su reinado, pero quiso engrandecer sus dominios y se decidió a atacar a Nueva Segovia (Ustedes pueden reemplazar a Nueva Segovia por Colombia y calza completica o en todo caso lo que ocurrió hace 60 años cuando Adolfo Hitler y su Tercer Reich invadió a Polonia el 1ero. De septiembre de 1.939). Acompañado de su gente y armados de arcos, flechas, lanzas y algunas espadas (Reemplacen todo este arsenal de la época por aviones Sukhoi, helicópteros MI-35, Fusiles AK-47, Fusiles Dragunov, Submarinos Rusos, una que otra bomba nuclear sucia, etc.), cayeron al poblado por la noche, pegándole fuego a las casas y matando a varios ocupantes, entre ellos un sacerdote de nombre Toribio Ruiz. Pero algunos habitantes que estaban prevenidos le hicieron frente al Negro Miguel y en un número considerable lo hicieron retroceder hasta una montaña cercana. Al día siguiente, los españoles (El Imperio mesmo que es maluco y todos lo saben) se organizaron y salió una expedición comandada por Diego de Lozada en busca del Negro Miguel. Fue encontrado y después de una encarnizada lucha de los negros, cae abatido el Rey Miguel y los negros restantes huyen al ver a su jefe muerto.

Miguel de Buría, montado sobre las minas de Oro amarillo de su época, montó su propio reinado y terminó mal. El Primer Rei lo vemos aún en su trono de las montañas de Sorte o de Quibayo.

La Revolución Bolivariana se tomó para sí, la historia de Miguel de Buría y la ha transformado en parte de sus orígenes, en una justificación de su lucha social.

Doscientos años después de la rebelión de Miguel de Buría y su trono singular, en 1.730 ocurrió la insurgencia de Juan Andrés López del Rosario, mejor conocido como Andresote o Bemba e' Trueno, Boca e' Jarro, Cara e' Susto, Pata pal' Monte, Tribilín, Mentira Fresca, (Perdón estos corresponden a Hugo Chávez) etc. Esta rebelión recogía el sufrimiento del negro, del zambo del indio para enfrentar la explotación y el monopolio de la Compañía Guipuzcoana (Por supuesto, el imperio mesmo). Andresote se había leído para ese momento "Las venas abiertas de América Latina" en alguna de las reencarnaciones de la época de Eduardo Galeano.

Andresote era nativo de Valencia, allá era esclavo de un blanco oligarca y godo residenciado en el este de la ciudad, pero siempre sostenía: que los esclavos deberían ser libres como sus abuelos de Guinea. Era alto, robusto, con pelo churrusco y achicharronado. Usaba carabina, trabuco, machete terciado. Sólo creía en los milagros de los santos negros (De allí viene la lucha de clases iniciada por el Camarada Andresote). San Benito, San Juan y San Pascual Bailón eran sus patronos y a lo mejor sus amigos (Se dan cuenta, de allá viene la vaina de los babalawos y los santeros).

La sublevación de Andresote estuvo estimulada y apoyada por los contrabandistas (narcotraficantes cubanos y de las FARC) holandeses (Los cubanos) que usufructuaban las bocas de los ríos Aroa y Yaracuy

(Acá pueden reemplazar toda la frontera colombo-venezolana usada por los narcotraficantes) para sacar productos agrícolas (Por supuesto cocaína) de tierra adentro del occidente de Venezuela para destinarlos a la isla de Curazao (Aquí calza completico el imperio mesmo o sea USA y Europa)

La rebelión de Andresote puso en jaque durante bastante tiempo a la corona y sus intereses comerciales representados por la Compañía Guipuzcoana; apoyado por un gran número de indios y negros cimarrones, dotados de flechas y armas de fuego (Recuerden reemplazar acá con los AK-47, etc.) para insultar, robar, asesinar y continuar el comercio furtivo del cacao, con la ayuda de holandeses armados (Esto se puede reemplazar muy bien por la FARC y el cacao ya saben por qué van a reemplazarlo). El río Yaracuy se convirtió en el principal escenario de la rebelión, ya que Andrés era gran conocedor de esta vía fluvial. (Recuerden a Hugo y sus correrías en la frontera colombo-venezolana en la época de Mayor).

Con la misteriosa desaparición de Andresote de Yaracuy, finalizó el Segundo Rei que se había montado sobre el Oro vegetal en el trono del Cacao en la zona.

Cuatrocientos años después de Miguel de Buría y doscientos después de Andresote de Yaracuy, exactamente el 4 de febrero de 1.992 se ejecutó la rebelión de Hugo de Sabaneta para instalar el Tercer Rei, en los predios de la Venezuela de salida del segundo milenio y entrada del tercero. Con la bandera de la lucha de clases y una profunda división social alentada hasta los abismos de la Guerra Civil, Hugo de

Sabaneta como Miguel de Buría y Andresote de Yaracuy, ha logrado copar el apoyo demagógico y populista de pobres, indígenas y se ha asentado sobre un profundo resentimiento social, muy parecido a lo ocurrido hace cuatrocientos y doscientos años, respectivamente.

Pero no nos vayamos muy lejos, hace 60 años, un cabo de tropas, devenido en Jefe absoluto de Alemania, con las mismas banderas de Hugo Chávez llevó al mundo a una guerra de más de sesenta millones de muertes, la mayoría de ellas civiles inocentes.

Encaramado en el trono del Oro negro del petróleo Hugo como Adolfo, ha construido para los "jodios" venezolanos su propio holocausto y sus propios ghettos.

La historia del Tercer Rei en Venezuela, la estamos viviendo en este momento como la vivieron los alemanes en el Tercer Reich.

¿Hay que echar la historia de estos últimos diez años, para comprender que es exactamente igual? Ahora, si quieren saber cómo va a ser el desenlace de este Tercer Rei…léanse la historia de la Segunda Guerra Mundial.

Caracas, 21 de octubre de 2009

CAPITULO – SEDE DE PDVSA –
HISTORIAS DEL 4 DE FEBRERO

Abril de 1.976

-Lo felicito, mi general, espero que los mismos éxitos de Guayana se trasladen hasta acá. El país requiere que la renta petrolera se oriente hacia la educación en prioridad. La siembra del petróleo, me imagino, en sus manos se va a convertir en una realidad. Venezuela requiere de ciudadanos capaces y educados, sino vamos a andar todavía con el guayuco en el cerebro. El General Olavarría a manera de saludo introductoria le expresó una larga felicitación a su primo, el General Rafael Alfonso Ravard.

El General Rafael Alfonso Ravard acababa de ser designado por el Presidente de la Republica como Presidente de la petrolera estatal, que acababa de ser nacionalizada. Venía precedida de una brillante hoja de servicios militares y una impecable gestión de casi veinte años al frente de la Corporación Venezolana de Guayana (CVG). Era uno de los venezolanos que más hizo por la nación durante la segunda mitad del siglo XX. Una trayectoria gerencial como pocas en el país y una hoja de vida intachable le servían de aval a la personalidad de este visionario del aprovechamiento hidroeléctrico del caudaloso río Caroní, del desarrollo de Guayana y por ende del país. Tuvo una formación como militar e ingeniero en países como Italia, Francia y Venezuela. A comienzos de los años 50, Rafael Alfonso Ravard recibió por parte del Gobierno venezolano, la misión y gran tarea de iniciar en el estado Bolívar un ambicioso proyecto de desarrollo integral. Sus compañeros de trabajo de aquellos años lo recuerdan como ponderado, amable y un gran caballero, apenas tres de las cualidades que lo rodean. Durante sus años en Guayana, quienes le conocieron, sin excepción, guardan los mejores recuerdos del General. Alfonso. Fue un oficial que se graduó con máximos honores.

Tenía la visión de mejorar la calidad de vida de sus habitantes. Quería construir una ciudad armónica en Guayana, digna de su gente. La trayectoria del General Rafael Alfonso Ravard incluye, para la década del 50, la Presidencia de la Comisión de Estudios para la Electrificación del Caroní, el Instituto del Hierro y del Acero, la Corporación Venezolana de Fomento (1958) y la Corporación Venezolana de Guayana, a partir de su creación, en 1960 y hasta 1974. Fue, además, fundador de la Compañía Anónima de Electrificación y Fomento Eléctrico (CADAFE) en 1958. Presidió el Consejo Mundial de la Energía en 1954, fecha a partir de la cual, Venezuela, primero a través de la Comisión de Estudios y luego de CVG Edelca, se hizo miembro permanente. En 1968 es promotor principal de la unificación de la Frecuencia Nacional (Cafreca) y de la interconexión del Sistema Eléctrico del país; y en 1969, la siembra de 750 hectáreas de pino caribe, en Uverito al sur del estado Monagas. En síntesis, el General Alfonso Ravard era la materialización de un Gerente formado en las mejores aulas y surgido de las aulas de los valores y principios que se reúnen en un efectivo castrense. El General era la materialización del lema

"La Escuela Militar de Venezuela forma hombres dignos y útiles a la patria". Un venezolano surgido de las filas castrenses dando lo mejor de su conocimiento para el engrandecimiento del país. El General Alfonzo era considerado un técnico dentro de la nomenclatura de comando de las Fuerzas Armadas Nacionales, un gerente capaz de manejar cualquier empresa o conglomerado, pero que no calificaba para liderizar alguna de las unidades operativas. Los troperos de las Fuerzas Armadas Nacionales, con un gran contrasentido, lo calificaban como excelente para la Presidencia de la Republica, pero pésimo para el combate y las operaciones.

.- Dios te oiga y Gracias, José Antonio, yo solo espero que me den el tiempo suficiente para estructurar gestión. Con este gobierno yo no sé a qué atenerme. Yo puedo trasladar los resultados de mi pasaje por la CVG, solo si tengo el tiempo para hacer gestión en esta industria y me dan la amplitud, la libertad y la autonomía libres de la política, que disfruté por allá. Hubiera preferido quedarme allá y ver concluidas las obras.

.- Todo cambio es bueno Rafael. Tienes que darle paso a otra gerencia, de todas maneras, ya eso está bien encaminado y hace falta un verdadero genio de la destrucción para que dé al traste el camino, que tu casi terminaste.

.- Ese tipo de persona existe, José Antonio. La fábula de la cigarra y la hormiga se edita en estos tiempos de inicios democráticos en Venezuela. Alguien sin escrúpulos y sin algún tipo de luces se montará en mi gestión y la concluirá. Eso espero, pero también puede surgir un político de esos orilleros y por tratar de agarrar una golilla, buscará encaramarse el clientelismo para financiar campañas electorales o engordar una buena cuenta en dólares y todo se vendrá abajo. Sin embargo, soy optimista. El país necesita de gente con calidad y excelencia. El Presidente me está encargando de esta responsabilidad por mis referencias. Él me dice que mis referencias y mi trayectoria como gerente son notables e impecables. Me insistió en la necesidad de hacer de este país un gran equipo de notables, para seleccionar de entre ese grupo los mejores para que se encarguen de las riendas del país. ¿Qué te parece José Antonio, tamaña tarea?

.- Eso se logra con conocimiento, pero acuérdate que lo que la naturaleza no da, Salamanca no presta ¿No te parece Rafael?

.- Ese es un refrán que siempre me ha parecido elitésco y clasista y estamos en otros tiempos José Antonio.

.- Ojala sea así, Rafael. Ojalá y tengamos la ocasión de brindar por tus éxitos al frente de este nuevo cargo, la próxima vez que nos veamos.

.- Demás está decir que estamos a tu orden, dámele saludos a la prima y cariños a los niños.

.- Igual, Rafael, salúdame a Corina, estoy esperando un cargo y no se para dónde me van a enviar.

.- De todas maneras, para donde te envíen rodéate siempre de los mejores, estimula el conocimiento y la formación profesional. Si hay algún sector que necesita modernizarse con el conocimiento, ese es las Fuerzas Armadas Nacionales. Allí existe todo un potencial. ¿No lo crees así, José Antonio?

.- Estoy de acuerdo con usted mi general.

.- Allí tienes el caso de tu compañero Alférez Mayor e Ingeniero Eléctrico Guillermo Antonini, su llegada a la presidencia de Cadafe no es azarosa, es producto de su potencial como profesional y su trayectoria gerencial. Eso lo hizo la Escuela Militar. Si él pudo llegar hasta donde está, la Escuela Militar puede sacarlos por oleadas. La clave está en los institutos de formación profesional. De allí hay que sacar puros alféreces mayores. Todos los profesionales egresados de la actual Academia Militar deben ser un número uno cuando salgan a enfrentarse a la vida civil.

.- La gerencia moderna nació en la sala de operaciones de un vivac táctico, eso es lo que los troperos aún no han descubierto.

Olavarría abordó su carro protocolar y se enrumbo hacía el Country Club, su lugar de residencia. Mientras el automóvil se comía literalmente la autopista del Este, los pensamientos del Coronel se remontaban a Palo Alto, California; donde estaba en ese momento su esposa Lucia, visitando a uno de sus hijos que cursaba estudios de ingeniería fuera del país. Estaba de acuerdo con el general Alfonzo en lo relacionado a la calidad y la excelencia de los profesionales militares que egresaran de la Academia Militar. El instituto se preocupaba por identificar al Numero Uno de cada promoción y todo lo que orbitaba en torno a ese. El resto de los integrantes de una promoción que no calzaban los puntos para graduarse como alférez mayor, alférez auxiliar y dentro de los primeros diez del orden de mérito se diluían entre la generalización y la rutina profesional. Solo un accidente institucional o una azarienta circunstancia permitía que alguno del montón promocional se colara y ocupara los primeros puestos. Luego estaba el caso de que la Academia Militar no hacia seguimiento y valoración al egresado. El instituto los graduaba y se desprendía de toda responsabilidad del egresado.

Una visión de un compañero de promoción del General Alfonzo, el Teniente en situación de retiro Manuel Raúl Oviedo Rojas le vino a la mente y lo asaltó fugazmente. Este le había comentado la posibilidad de escribir una crónica sobre El Libertador Simón Bolívar, en una suerte de aparición en la Escuela Militar de Venezuela, específicamente en el Gran Hall y frente a las placas de todas las promociones egresadas del Alma Mater, en un turno de servicio, mandando oído y despertando a todos los cadetes y oficiales de planta, ordenando formación contando diez, en el Patio de Ejercicios.

La arenga de este Bolívar original, moreno, de pelo ensortijado, bembón y de rasgos aindiados, con poncho, alpargatas y sombrero de paja, era para recriminar su peregrinar kármico en todos los pasillos de los cuarteles y fuertes militares desde el 17 de diciembre de 1.830, porque hasta el momento, ninguno de los integrantes del Ejército Venezolano, forjador de libertades, había empuñado la espada de la libertad para que cesaran los partidos y se consolidara la unión.

En el sueño de Manuel Raúl, El Libertador le había pegado un plantón durante toda la noche a todos los alféreces mayores de las promociones egresadas del Alma Mater y les había ordenado que tomaran las riendas del país y metieran presos a todos los políticos y militares traidores a la causa de la libertad y de Venezuela. Un eufórico Manuel Raúl, lo había atajado antes de encaminarse hacia la oficina del general Alfonzo para empaparlo de su visión astral y mediumnica.

No consideró conveniente hacerle el comentario a su compañero.

Manuel Raúl era un historiador y cronista militar convencido de que Bolívar reencarnaría en cualquier momento, en alguno de los cadetes de la Escuela Militar y permitiría que Simón José Antonio de la Santísima Trinidad Bolívar y Palacios, El Libertador, bajara tranquilo al sepulcro. Mañana llamaría a otro gran amigo, historiador, bolivariano, subalterno y Coronel, Jacinto Pérez Arcay para hacerle el comentario y conversar sobre la posibilidad de conseguirle a Manuel Raúl la publicación de su visión.

¡Las cosas que se le ocurren a Manuel Raúl!

Caracas, 31 de octubre de 2009

CAPITULO – SEDE DEL IAEDEN LOS CHORROS – HISTORIAS DEL 4 DE FEBRERO

Mayo de 1.984

La filtración del tema de una de las tesis de grado de la promoción correspondiente al año 1.984 del Instituto de Altos Estudios de la Defensa Nacional (IAEDEN) dirigió la atención de la opinión pública, hacia adentro de sus aulas. Los medios de comunicación de la época orientaron su atención hacía la visión y la misión del centro académico activado por disposición del Presidente de la República el 9 de diciembre de 1.970.

La necesidad nacional de hacer estudios e investigaciones en el campo académico, que implementaran y metodizaran los conceptos fundamentales de la seguridad y la defensa nacional, para lograr la oportunidad de profundizar los conocimientos en las variadas y complejas disciplinas de la estrategia general; entendida esta como la participación dinámica e integrada de los campos políticos, económicos, sociales y militares; abrió el camino para que el Doctor Rafael Caldera en su condición de Presidente de la República y Comandante en Jefe de las Fuerzas Armadas Nacionales, creara una comisión el 1ro. de abril de 1.969 para que le presentara un proyecto para la creación de una Academia de los Altos Estudios de la Estrategia Nacional.

Desde esa ocasión, el doctor Caldera mantuvo una cátedra permanente en el instituto, destinada a abordar la soberanía, la nación, el estado, el ius sanguinis, el ius solis, la nacionalidad y otros temas que complementaran el conocimiento de la nación y su seguridad.

"Elementos de análisis de una teoría de seguridad para la democracia venezolana" fue el trabajo de grado del Coronel Antonio José Varela en el Curso Superior de Seguridad y Defensa numero 13; los medios de comunicación tuvieron acceso a sus interioridades y antes de ser aprobada académicamente ya había opinión formada en el mundo político y académico sobre el planteamiento. Un tema que ya venía trabajándose en otros países latinoamericanos, con obra pública para la discusión de autores militares como el General de Brigada del Ejército de Perú Edgardo Mercado Jarrín y el Coronel del Ejército de Ecuador Alfonso Lituma Arizaga y el Coronel argentino Carlos Martínez; los tres con una vasta bibliografía en asuntos de la relacionados con la seguridad de la nación y referidos abiertamente en las cátedras del instituto.

Con el atractivo de la tesis del Coronel Varela, ese año las exposiciones de los trabajos de los oficiales alumnos en el IAEDEN se convirtieron en un gancho a la opinión pública por la vía de los medios de comunicación social. José Vicente Rangel, Luis Esteban Rey, Germán Lairet, Pompeyo Márquez y otras personalidades de la vida nacional llamaron la atención sobre el tema en diversos foros activados. Las bibliografías que recogieron polémicas similares del año 1.976 se reactivaron y fueron motivo de consulta en las cátedras del IAEDEN. El voto militar y la participación de los militares en la política fueron temas que se desempolvaron y agarraron vigencia.

El tema de la seguridad nacional fue asociado inevitablemente al de la Doctrina de la Seguridad Nacional que arrastró los golpes de estado en varios países del Cono Sur como Paraguay, Argentina, Chile, Bolivia, Perú, Uruguay. De allí a tratar de establecer una vinculación con el caso venezolano fue un solo paso.

Un año había transcurrido desde el viernes negro. Los aprietos económicos de los venezolanos se empezaban a sentir en las limitaciones para viajar al exterior, en la adquisición de los artículos de la cesta básica y en la disposición de los dólares para el *tabaratismo* de Miami.

Los colombianos habían empezado a reactivar el tema del diferendo, convenientemente dejado de lado por el gobierno del presidente Herrera en el año 1.980, por la ola levantada durante la exposición en la Academia Militar de Venezuela de la Hipótesis de Caraballeda. El ruido de sables empezó a filtrarse hacia la sociedad desde los cuarteles.

La gestión del Doctor Luis Herrera Campins, el último Presidente de la República postulado por el partido Copei había entrado en el franco declive del último año de ejercicio y eso había afectado la campaña electoral del doctor Caldera frente al candidato adeco Jaime Lusinchi. En ese momento las críticas por aumentar la deuda y el costo de la vida de los venezolanos eran una bandera de la campaña electoral que se desarrolló. Eso, y los tropiezos de su gobierno durante la conocida reunión con los oficiales de la Guarnición Militar de Caracas el 28 de octubre de 1.980 para exponer la Hipótesis de Caraballeda le reflejó hacia la institución armada una imagen negativa al Comandante en Jefe y erosionó sobremanera su ascendiente ante la oficialidad.

Los militares eran una institución particularmente sensible en los asuntos de la soberanía, la defensa de la institucionalidad militar y de la custodia de la integridad territorial.

La institución armada tenía una experiencia corporativa desagradable con gobiernos socialcristianos. Los incidentes ocurridos con el General de División (Ej.) Martin García Villasmil en el Ministerio de la Defensa y el General de División (Ej.) Pablo Antonio Flores Álvarez en la Comandancia General del Ejército, durante la presidencia del doctor Caldera aún se mantenían vivos.

Los casos de los Generales Martín García Villasmil y Pablo Flores Álvarez quienes entablaron públicos conflictos con el Comandante en Jefe fueron emblemáticos. El primero por emitir opiniones contrarias al Presidente y el segundo porque se declaró en rebelión. En ambos casos las posiciones asumidas fueron consecuencia del desacuerdo que cada uno expresaba con respecto a la intromisión de los políticos en cuestiones estrictamente militares, práctica que en años posteriores se convertirá en ley.

Las Fuerzas Armadas Nacionales se sentían más cómodas en la relación institucional con los gobiernos adecos. La yunta con Acción Democrática en el golpe de estado del 18 de octubre de 1.945, la afiliación en el combate a la dictadura del General Marcos Pérez Jiménez y el combate a la violencia de la extrema izquierda en los duros años de los gobiernos de Rómulo Betancourt y Raúl Leoni en los inicios de la democracia; generaron en las Fuerzas Armadas Nacionales una identidad corporativa de naturaleza democrática con el partido Acción Democrática.

No fue así con el gobierno del Presidente Rafael Caldera. La política de pacificación del país, abrió el camino para que los enemigos de la democracia de los primeros años, se reinsertaran en la sociedad y por la vía pacífica se manejaran en alternativas políticas. El camino de las armas y de la insurrección se estaba empezando a sellar; pero en los cuarteles aún se respiraba el dolor de los muertos caídos en las arteras emboscadas de la guerrilla, los quejidos de los heridos en los asaltos subversivos aún campaneaban en los oídos de los oficiales, las heridas de guerra de los combates todavía laceraban en el alma de los tenientes, capitanes y mayores.

La artera emboscada del tren El Encanto mantenía vivo el espíritu de cuerpo en la Guardia Nacional, los asaltos traicioneros a unidades de transporte del Ejército en Los Humocaros en el estado Lara, en la Sierra de San Luis en el estado Falcón y en el oriente del país con los oficiales y soldados muertos arrastraban una enorme carga conmovedora dentro de esas fuerzas. Las cuotas de la Armada y la Aviación en las bajas tenían una significativa incidencia hacia los profesionales, las tropas y el personal civil. La política de pacificación no se le vendió política ni organizacionalmente a la institución armada.

Con ese dolor vivo y el recuerdo de los caídos en el alma y el corazón de los militares; la política de pacificación del Presidente Caldera no llegó más allá del roble y del samán del Monumento a los caídos en el Campo del Honor, del patio de ejercicios de la Academia Militar de Venezuela.

Mientras la política de pacificación del Presidente Caldera tendía la mano cordial de la republica a los alzados en armas, las unidades de cazadores recorrían toda la geografía de Venezuela, cumpliendo su misión constitucional y ofreciendo su cuota de bajas.

El ultimo Teatro de Operaciones fue desactivado en el año 1.974, a pesar de ello aún se mantenían algunos focos subversivos, especialmente en la región oriental del país.

La política de pacificación dentro de la institución armada, no fue completamente asimilada por los jefes militares y comandantes de unidades. La doctrina, la organización y el equipamiento de las unidades antisubversivas se mantenían con la línea del combate vivo y el campo de batalla en caliente.

La posición institucional y desprendida del General de División (Ej.) Arnaldo Castro Hurtado, quien solicitó su pase a la situación de retiro en mayo de 1.979, estando en funciones en la Comandancia General del Ejército, por los desacuerdos con la política de pacificación del Presidente Herrera, dirigida hacia un grupo de guerrilleros recluidos en el Cuartel San Carlos, fue otro incidente que levantó el espíritu de cuerpo y la solidaridad institucional aguas adentro.

El envío de asesores militares a El Salvador durante los primeros años de la década del 80, a fin de contribuir en el entrenamiento de combate de las tropas del ejército salvadoreño, generó una "Elite Militar" dentro del Ejército. Algunos de los jefes militares que alentaron la posibilidad de una insurrección militar posteriormente, estuvieron de comisión por esos parajes.

Entre 1.981 y 1.982 se desarrolló un hecho político militar en el régimen sandinista de Nicaragua que a través de "un complot fallido organizado en la Embajada de Venezuela en Managua". Con participación de la Agregaduría Militar "se atentó contra el gobierno", este hecho fue ampliamente difundido por la prensa nacional, especialmente el Diario de Caracas que obtuvo información privilegiada y confidencial. Los oficiales del Ejército adscritos a esa misión fueron retornados al país de una manera misteriosa. Curiosamente, uno de los asesores de esa ocasión lo fue el General de Brigada José Luis Prieto de triste recordatorio en su paso por el Ministerio de la Defensa, durante la Revolución Bolivariana.

El año anterior se había conmemorado en el país el Bicentenario del natalicio del Libertador Simón Bolívar. Los institutos de formación militar, en honor a este hecho habían bautizado todas las promociones egresadas de la Academia Militar de Venezuela, de la

Escuela Naval de Venezuela, de la Escuela de Aviación Militar y de la Escuela de Formación de Oficiales de las Fuerzas Armadas de Cooperación con la distinción de este magnífico fausto conmemorativo.

Desde el año 1.981 se había desarrollado en las Fuerzas Armadas Nacionales un bolivarianismo exacerbado. Especialmente en el Ejército, el culto a Simón Bolívar se llevó a límites extremos. Se activaron los Centros Bolivarianos, se hacían competencias de obras de teatro a nivel de compañías, batallones, brigadas y divisiones. Después del saludo de los oficiales en las formaciones de lista y parte, en la lectura de la orden del día se incluía un pensamiento de Simón Bolívar que demandaba una respuesta automática de "¡Padre de cinco naciones!"

Los cinco años de gobierno del doctor Herrera Campins fueron de un activismo militar distintos. Las adquisiciones de los sistemas de armas con tecnología punta como los F-16 en 1.982, las fragatas clase Lupo italianas construidas por la Cantieri Navali Riuniti la y la llegada del sistema de lanzacohetes múltiples IMI LAR de artillería autopropulsada de 160 mm, obviamente le proporcionaron ventajas a Venezuela en el equilibrio estratégico con Colombia. El proceso de adquisiciones militares de esa oportunidad, generó graves denuncias de corrupción que incidieron en la moral institucional de aquel entonces.

El doctor Herrera finalizó su mandato con un bajo nivel de popularidad lo cual llevó a los adecos nuevamente al poder. Jaime Lusinchi derrotó abrumadoramente al doctor Caldera en las elecciones de diciembre de 1.983 y gobernó para el período 1984-89.

Con ese ambiente político y militar de fondo el Doctor Rafael Caldera hizo su entrada a la sede del IAEDEN en la antesala de la Urbanización Los Chorros para su acostumbrada conferencia. El Curso Superior de la Defensa Nacional número 13 ya estaba en el auditorio.

En el recibidor del instituto estaba de uniforme beige impecable el director de la institución, el General de División del Ejército José Antonio Olavarría Jiménez acompañado del sub Director el Contralmirante Mario Chacón Arellano. Era finales de mayo de 1.984.

Las dos horas de conferencia del Doctor Caldera se remitieron a abordar de una manera impecable el concepto de la nación, el estado, la república, el concepto de la nacionalidad determinantemente explicado con las asociaciones al *ius sanguinis* y el *ius solis*; con esos criterios suficientemente desarrollados, el ex presidente entró de lleno a complementar el criterio de la nación-estado y la vigencia del estado de derecho en Venezuela.

Fueron ciento veinte minutos en los que la dirección, el decanato, la facultad y los 67 miembros del Curso Superior de Defensa Nacional número 13 siguiendo con la atención que exigía, un conferencista de tanta solvencia académica e intelectual; se adentraron en la densidad de los conceptos originarios de Venezuela como nación, como estado y como república.

Después de la conferencia, era normal la socialización y el intercambio de la planta del instituto con el ilustre conferencista.

En un aparte de los amplios pasillos de la quinta Marifini de la calle Cachimbo de Los Chorros el general Olavarría compartía con el ex presidente Caldera sobre algunas interioridades institucionales.

.- Estamos tratando de seguir la línea de traer al instituto los oficiales cursantes con el mayor potencial dentro de la organización. No estamos formando una elite, pero creemos que, dentro de la oficialidad, los mejores ubicados en el orden de mérito, deben de venir al instituto, señor presidente.

.- Ojalá que esa misma línea se cumpla con el perfil de los ciudadanos que comparten con los oficiales. Es una manera perfecta de que haya una simbiosis entre el elemento militar y el civil, para la identificación de los problemas de seguridad y defensa nacionales.

.- ¡Por supuesto, señor presidente! Desde el Iaeden deben surgir los líderes del país, que reclama una coyuntura como la actual. En las aulas del instituto se deben formar las figuras más notables del campo civil y militar.

.- Lo peligroso de formar notables, general, es cuando esas inteligencias se ponen al servicio de otros intereses distintos y ajenos al interés de la democracia y la nacionalidad. Recuerde lo que dijo el Libertador Simón Bolívar, el talento sin probidad es un azote.

.- En el campo militar estamos formando líderes para el futuro, presidente. Líderes para la democracia y la libertad con sujeción al poder civil. El Plan Andrés Bello que está vigente en los institutos de formación militar contempla la formación de líderes para el estado de derecho. El objetivo es formar militares para la democracia, lideres notables y con competencias. De este grupo de coroneles y capitanes de navío deben salir los directores de los institutos de formación profesional. Queremos que oficiales notables formen a oficiales notables. Solo la excelencia forma excelencias, presidente. Sin el ánimo de generar una elite en las fuerzas armadas nacionales – que no es malo – la intención radica en producir militares notables en su campo profesional y una vez retirados que se integren a la vida civil con el mismo margen de notables. El caso del General Rafael Alfonzo Ravard es significativo.

.- Es una teoría bien interesante que puede tener resultados interesantes. De todas formas, general, mucho cuidado con los notables. A veces las ambiciones políticas, pueden sobreponerse a los principios y a los valores democráticos. Tenga cuidado con esos notables, general.

.- En todo caso, presidente, parte de estas líneas gruesas han sido ampliamente desarrolladas al senador Aguilar, yo sugiero que me permita abundárselas en una futura oportunidad.

La conversación del ex presidente Caldera y el general Olavarría fue interrumpida por el Contralmirante subdirector y una delegación de oficiales y civiles cursantes cuidadosamente seleccionada durante todo el año de gestión, entre los cuales estaban el Coronel (Av.) Juan Tadeo Arraiz González, Coronel (GN) Luis Natividad Rivero Sibila, Capitán de Navío (ARV) Germán Gustavo Rodríguez Citraro, Coronel (Ej.) Ramón Guillermo Santeliz Ruiz, Coronel (Ej.) Carlos Julio Peñaloza Zambrano, Coronel (Ej.) Carlos Rodolfo Santiago Ramírez, Coronel (Ej.) Juan Antonio Torres Serrano, Coronel (Av.) Eduardo Adeleno Mola Jiménez, Economista Julio Brillembourg Bravo y el Doctor Rubén Eduardo Creixems Savignon. Venían a entregarle al brillante conferencista el recuerdo institucional que se acostumbra para esas ocasiones, luego de lo cuál se reanudo la conversación con la participación de todos.

Del grupo de cursantes militares el Doctor Caldera recordaba conocer al Coronel Santiago Ramírez y el Coronel Santeliz Ruiz de los días previos a su campaña electoral del año 1.968. Pedro Pablo Aguilar se los había presentado en su casa en una reunión para pulsar la actitud de las Fuerzas Armadas Nacionales sobre el reconocimiento de su eventual triunfo electoral. Un grupo de tenientes y capitanes del viejo Cuartel Urdaneta estuvieron presentes en esa reunión.

El Coronel Santeliz, el Coronel Santiago y el Doctor Creixems conversaron animadamente con el doctor Caldera, en un aparte que convenientemente dispuso el general Olavarría dentro de la reunión.

Ese grupo de civiles y militares, constituía una elite de cursantes escrupulosamente evaluada desde la dirección del instituto y conscientemente monitoreada desde el punto de vista militar y político. Se trataba de profesionales con altas calificaciones en sus sectores de origen, con proyecciones y perspectivas claramente definidas en sus respectivas organizaciones.

Los militares cursantes se encarnaban en los futuros comandantes de sus fuerzas y ministros. Los civiles cursantes se constituían en la plataforma para canalizar convenientemente ante el poder político futuro, la materialización de esas designaciones ante un potencial Comandante en Jefe. Las demás maniobras se desenvolverían con el desarrollo de la situación.

Ya el doctor Caldera había deslizado la posibilidad de continuar en la carrera presidencial. La aplastante derrota ante Jaime Lusinchi en diciembre de 1.983 lo colocaba en la cuesta de batirse internamente dentro de su partido para optar a una nueva candidatura para ello debía batirse contra sus delfines políticos. La grave crisis política del país y el declive del bipartidismo, lo obligaba a mirar hacia otras alternativas políticas y otras opciones organizacionales distintas a su partido, que soportaran una nueva postulación suya. Uno de los apoyos que debía amarrar institucionalmente, era el correspondiente a las Fuerzas Armadas Nacionales.

El Presidente Caldera sabía del remanente negativo de la política de pacificación aguas adentro de las Fuerzas Armadas Nacionales. Tendría que remar contra la corriente de las opiniones adversas de las generaciones de capitanes y tenientes de su gobierno, ahora como coroneles y generales. Un buen alabardero en esa tarea lo podía encarnar Pedro Pablo. Su experiencia en la antesala de la Comisión de Defensa del Senado, lo hacía un verdadero General en Jefe.

Las pasiones de los militares se encausan hacia la razón cuando ponen a replegarse los escrúpulos por el sol del generalato y almirantazgo.

En la batalla por los ascensos, las primeras bajas son los principios y los valores.

El objetivo de superar los incidentes del General Pablo Flores, del General Martin García Villasmil, del General Castro Hurtado, de la Hipótesis de Caraballeda y la intervención militar en Centroamérica, durante gobiernos socialcristianos eran atribuibles a la figura emblemática del socialcristianismo en Venezuela y Rafael Caldera era el hombre del socialcristianismo. Era la hora de tender puentes hacia los uniformados, un buen ingeniero a la hora de construir los puentes hacia ese sector lo podía encarnar Pedro Pablo; su paso por la Comisión de Defensa del Senado de la Republica le daba cierta autoridad y suficientes caminos expeditos hacia Fuerte Tiuna.

Al finalizar el Curso Superior de la Defensa Nacional número 13, el nuevo General de Brigada del Ejército, Carlos Julio Peñaloza Zambrano fue a recibir la dirección de la Academia Militar de Venezuela. El Plan Andrés Bello en su revisión del año 1.981 bajo la gestión del entonces general Olavarría, tenía garantizada la continuidad en el proceso de ir más allá de formar "...**hombres dignos y útiles a la patria**". La nueva meta era de formar número uno en todas las promociones, los **Renny Ottolina** de uniforme; la ubicación del general Peñaloza en la dirección de la Academia Militar de Venezuela se abonaba en la realidad de continuar modelando por la vía del liderazgo situacional, a los dirigentes militares del nuevo milenio.

En junio de ese mismo año, después de entregar la Dirección del Instituto de Altos Estudios de la Defensa Nacional, el General de División José Antonio Olavarría Jiménez fue designado Comandante General del Ejército.

Ya los anclajes para el mundo político estaban lanzados. Acción Democrática y Copei en su realidad del bipartidismo que estaba controlando el país, tenían sus días contados. Solo había que construir el mecanismo para cercarlos y aniquilarlos en la raíz. La mirada se puso en el soporte conceptual que le daba oxigeno político a la relación entre ambas organizaciones.

El Pacto de Punto Fijo se convirtió en el Centro de Gravedad a neutralizar en el plan de campaña diseñado para alcanzar el poder. Se necesitaba colocar dentro de la estructura de esa relación, una figura política con la suficiente autoridad y el peso específico, que permeara hacia todos los sectores.

El perfil atendía más a una suerte de Saturno que devorara a su hijo político y la única figura viva de los signatarios originales y con la suficiente ambición de poder para devorar el **Pacto de Punto Fijo** era el Doctor **Rafael Caldera**.

El 10 de agosto de 1990 un grupo de Notables Venezolanos publicó una carta dirigida "Al ciudadano Carlos Andrés Pérez, Presidente de la República; a los ciudadanos senadores y diputados al Congreso Nacional; a los partidos políticos representados en el Congreso". En ella afirmaban, entre otras cosas que "Venezuela atraviesa una difícil y peligrosa situación política, económica y social. Los mecanismos y las orientaciones por medio de las cuales se ha desarrollado la acción de Estado y la vida nacional en todas sus manifestaciones, por lo menos desde 1958, ya no corresponden ni a las necesidades de desarrollo económico y social, ni a la realidad económica y política del país, ni mucho menos, a las líneas y objetivos fundamentales de la gran reorientación política y económica que, de manera tan poderosa, está ocurriendo en el mundo de hoy." Entre los firmantes de esa histórica carta estaban entre otros Arturo Luis Berti, Alfredo Boulton, Miguel Ángel Burelli Rivas, María Teresa Castillo, Jacinto Convit, Tulio Chiossone, José Román Duque Sánchez, Arnoldo Gabaldón, Ignacio Iribarren, Eloy Lares Martínez, Ernesto Mayz Vallenilla, Domingo F. Maza Zavala, José Melich Orsini, Hernán Méndez Castellanos, Pastor Oropeza, Pedro A. Palma, Rafael Pizani, Carlos Guillermo Rangel, José Vicente Rangel, Rafael Alfonzo Ravard, Elías Rodríguez Azpúrua, Isbelia Sequera Segnini, José Santos Urriola, Arturo Uslar Pietri, Martín Vegas.

Notables a nivel político en la república, notables a nivel estratégico militar dentro de las Fuerzas Armadas Nacionales y notables a nivel táctico operativo dentro de las unidades y reparticiones militares; solo faltaba ubicar un concepto que sirviera de elemento nucleador y de eje alrededor del cual no hubiera desacuerdos ni disidencias retoricas.

¡Simón Bolívar cumplió con ese objetivo!

Caracas, 14 de noviembre de 2009

PELIGROS Y OPORTUNIDADES

Está finalizando el año 2.009 con un gran saldo negativo para el gobierno y otro no menos favorable para la oposición.

La comunicación china y la japonesa en la expresión de sus ideogramas de comunicación, suele representar la expresión de crisis con la yunta de otros que aluden a peligro y oportunidades. En la sabiduría de ambas culturas, los panoramas donde se ciernen peligros, son también momentos para desarrollar oportunidades de crecimiento y exposición de todas las potencialidades.

El año que está finalizando ha representado para las expresiones políticas que hacen vida en la actual coyuntura del país, una gestión de peligro que ha tocado lo más profundo de las realidades intrínsecas de ambas manifestaciones; pero también un giro de oportunidades bien finitas que ponen en riesgo las proyecciones políticas de los dos vectores.

El régimen de la Revolución Bolivariana se ha desenvuelto en los caminos peligrosos del incremento exponencial de la delincuencia y su consecuente incidencia en la seguridad ciudadana, lo que coloca a este problema en uno de los retos más importantes del gobierno.

Igual camino empedrado lo ha representado el grave problema de los niveles inflacionarios que afecta por igual a ambos sectores, lo que se agrava con la postración del aparato productivo del país, los altos niveles de desabastecimiento en muchos de los productos de la cesta básica y la mengua del parque industrial del país; si a ello se le agrega el grave enfrentamiento con nuestros principales socios comerciales, Estados Unidos y Colombia; todo proyecta que en el plano económico; el gobierno viene pisando un camino exageradamente peligroso en términos de la gobernabilidad.

El sendero de la corrupción y su derivación de la impunidad es otros de los riesgos potenciales que ha asumido el Socialismo del siglo XXI. La crisis bancaria y sus secuelas, se advierte como un iceberg del que apenas emerge un porcentaje pírrico en el centimetraje comunicacional.

Si a ello le agregamos el persistente enfrentamiento que ha venido manejando a nivel internacional el Presidente de la Republica, especialmente en las relaciones con su vecino más inmediato – Colombia – y las tormentosas formas diplomáticas que se han manejado con Estados Unidos; el tema internacional ha sembrado de peligros potenciales al régimen bolivariano.

El espinoso tema de las FARC, el narcotráfico, Irán y el terrorismo internacional; han servido de titulares a muchos de los medios internacionales. En todos esos temas hay un trance que levanta suficientes escollos para salvar desde el punto de vista internacional; pero además le ofrece argumentos a la oposición interna, para que esta asuma un rol más activo y para que se adjudique igualmente, iniciativas que le den ventajas tácticas y estratégicas.

Todos estos temas le han generado al gobierno del Presidente Chávez, crisis que se han levantado abruptamente; las cuales con escasos días de diferencia han dado paso a otras. En diez años de revolución, no ha pasado semana en la que no esté ocupando un espacio importante una crisis; sea de orden político interno, internacional, económico, militar, social.

En la gran mayoría de ellas, el Presidente ha transitado el sendero de la ingobernabilidad, de la osadía, del azar y de los riesgos; poniendo en peligro, no pocas veces, el control del poder. Esas oportunidades de peligro han sido obviadas en la mayoría de los casos por los sectores formales de oposición.

Nada indica que, en el año 2.010, un año de elecciones a la Asamblea Nacional, los vectores que han sido desarrollados en esta crónica; la inseguridad, la inflación, la corrupción, las relaciones internacionales y en síntesis, el ejercicio del gobierno para generar a la sociedad en general la riqueza y el bienestar común; vayan a transitar el camino de la eficiencia y la gestión.

Todo señala que vamos a continuar en la secuela de crisis que ha sido característico de estos últimos diez años de revolución, con las banderas de los peligros y los riesgos ondeando hasta su máxima expresión.

El gobierno no ha sabido aprovechar el amplio abanico de sus oportunidades, mucho menos la oposición. Los peligros para la democracia continuarán acechándola en cada vuelta de esquina, mientras ambos no terminen de tomar decisiones que favorezcan a las grandes mayorías.

Todo indica que la crisis seguirá viva en el año 2.010, con sus motores en máxima revolución.

Caracas, 20 de diciembre de 2009

RAFAEL CALDERA

Escribir sobre un hombre cuyo deceso acaba de ocurrir es difícil.

Es inevitable la pasión cuando este, es un hombre público que pasó por más de cincuenta años de ejercicio político y de influencia en la Venezuela contemporánea; si a ello le incluyes dos periodos presidenciales, es difícil carecer de opinión en torno a su tránsito terrenal.

Ese hombre es Rafael Caldera.

Es incuestionable que el ex presidente Caldera fue uno de los venezolanos más relevantes del siglo XX.

Abogado, doctor en Ciencias Políticas, profesor universitario, escritor, articulista, ensayista, diputado, senador, jefe de Estado, caudillo político y demócrata; el ex presidente fue un humanista internacionalmente reconocido con títulos y honores concedidos por más de veinticinco universidades de América y Europa.

Sin hacer deméritos, a los otros sectores que caracterizaron la obra pública de Rafael Caldera, es su trayectoria política la que servirá de referencia fundamental para construir su semblanza de venezolano notable de la segunda mitad del siglo XX.

En Rafael Caldera hay que distinguir varios periodos, claramente definidos en su vida política. Tres sobresalen significativamente.

El Caldera derechista y ortodoxo de sus primeros años de la política, parte de los gobiernos del General Eleazar López Contreras y el General Isaías Medina Angarita; en los cuales fue Sub Director de la Oficina Nacional del Trabajo y Diputado; fundador de varias organizaciones políticas como la Unión Nacional Estudiantil (UNE) y el Movimiento de Acción Nacional (MAN) que precedieron estructuralmente y sirvieron de antesala doctrinaria a su partido emblemático Copei.

El Caldera republicano y socialcristiano de la etapa post perejimenista con la bandera de Copei, iniciador del proceso político de la república democrática consolidada sobre la Constitución Nacional de 1.961, periodo en el cual participó en las elecciones de 1.958 contra Rómulo Betancourt y posteriormente en las realizadas en 1.963 contra Raúl Leoni; hasta que, en 1.968, luego de diez años de hegemonía adeca le gana unas reñidas elecciones a Gonzalo Barrios.

En este periodo presidencial de Caldera se inició un proceso de pacificación política del país, para abrir los caminos democráticos y de la paz, a los integrantes de la guerrilla castro comunista originada desde el Partido Comunista de Venezuela (PCV) y el Movimiento de Izquierda Revolucionario (MIR) que había teñido de violencia a la republica desde el año de 1.960; alentada desde La Habana, Cuba.

Por último, el Caldera bien arrimado a las izquierdas después de la política de pacificación iniciada en su primer gobierno y consolidada en el segundo; y distanciado de su creación política republicana – el partido Copei - cuando su sexta carrera a la Presidencia fue interrumpida por sus delfines políticos en 1988.

En este periodo su carrera política parecía enterrada, pero el 4 de febrero de 1992 con su histórico discurso ante el Congreso Nacional y tras el primero de los dos intentos de golpe de Estado de ese año, emergió con un nuevo liderazgo y una visión política que lo catapultó hacia la segunda presidencia de la república.

La segunda presidencia de Rafael Caldera sirvió de marco para la consolidar la pacificación militar del país, que se apuntaló en el controvertido sobreseimiento a la causa militar que se le seguía al Teniente Coronel Rafael Hugo Chávez Frías, por los hechos violentos del Golpe de Estado del 4 de febrero de 1.992 y que le abrieron el camino para su participación política posterior y su ascenso a la presidencia de la república en 1998.

La historia de la llegada del militar felón a la primera magistratura, el 6 de diciembre de 1.998 e las elecciones presenciales, es un evento político sobre el que ahora se abrirán los espacios para la discusión y el debate; con la desaparición física del ex presidente.

Esos tres periodos definen la participación pública de Rafael Caldera en la vida nacional y abren el camino para una valoración objetiva de su aporte a la construcción de la republica civil que se inició el 23 de enero de 1.958; pero también la que se inició el 6 de diciembre de 1.998 con la llegada al poder del Presidente Hugo Chávez y su declaración de la llegada de la Revolución Bolivariana y el Socialismo del siglo XXI.

Es innegable que Caldera fue un gran aliado de Rómulo Betancourt en la construcción de la Republica civil que duró hasta la entrega de su gobierno en 1.998. Es, este periodo, su referencia política más importante y el que servirá de base a la evaluación su trayectoria como político, estadista y constructor al sistema de libertades que caracterizo la etapa republicana surgida después del 23 de enero de 1.958 y consolidada sobre el acuerdo político denominado Pacto de Punto Fijo.

Los grandes pilares de ese acuerdo suscrito en Nueva York el 31 de enero de 1.958 entre Rómulo Betancourt, Jóvito Villalba y Rafael Caldera, como representantes de los más importantes partidos políticos en esa coyuntura y para garantizar la estabilidad de la naciente democracia fueron también la vanguardia política más importante para establecer los referentes al nuevo marco de convivencia de la Sociedad Venezolana. Ese convenio sentó las bases del nacimiento, crecimiento y desarrollo de dos generaciones de venezolanos que cultivaron los arquetipos de la paz, la libertad, los derechos humanos y la democracia.

Con Rafael Caldera si queda enterrado definitivamente el ultimo sobreviviente emblemático del Pacto de Punto Fijo, tan vituperado en estos tiempos de Revolución Bolivariana; pero, además, estos once años de Socialismo del siglo XXI reivindican la obra política y social de esos cuarenta años de la democracia republicana y civilista, que disfrutamos los venezolanos con sus errores y aciertos y de la cuál Rafael Caldera fue uno de sus artífices y creadores.

Paz a sus restos

Caracas, 26 de diciembre de 2009

CALDERA Y EL SOBRESEIMIENTO

La desaparición física del doctor Rafael Caldera ha permitido pulsar en la opinión pública, la reacción de la gran mayoría de los venezolanos en torno a un tema que gravitaba durante la penosa enfermedad del ilustre jurista y ex presidente.

El sobreseimiento de la causa militar instruida al Teniente Coronel Hugo Chávez por los hechos desencadenados a raíz del Golpe Militar del 4 de febrero de 1.992, fue una decisión tomada por el entonces presidente Caldera en su condición de Presidente de la República y Comandante en Jefe de las Fuerzas Armadas Nacionales.

Desde el punto de vista legal, no existe ninguna objeción que incida en la legitimidad de la decisión de aquella oportunidad. Otras consideraciones políticas influyeron en la resolución del doctor Caldera para favorecer con la medida de gracia al Teniente Coronel Chávez. La que más se ha apelado es la solicitud que hacían los más diversos sectores de la vida pública nacional, para favorecer al Teniente Coronel Hugo Chávez y el grupo de militares participantes de las asonadas del año 1.992, para que fueran beneficiados con disposiciones que interrumpieran el proceso judicial en curso.

Las simpatías mayoritarias que levantaron los golpes en el pueblo animaron a solicitar ante los medios de comunicación, beneficios para los militares felones. Los candidatos presidenciales, para las elecciones hicieron propuestas públicas en ese sentido y tomaron como banderas electorales la ola de inclinación golpista que se levantó en aquella oportunidad. El tema de la pacificación fue el argumento más aludido por el Presidente Caldera para tomar la decisión.

Las virtudes del ex presidente Caldera se han dejado de lado en un momento en que su desaparición debería de elevar sus borlas de Abogado, doctor en Ciencias Políticas, profesor universitario, escritor, articulista, ensayista, diputado, senador, jefe de Estado, caudillo político y demócrata; y los títulos y honores concedidos por más de veinticinco Universidades de América y Europa.

Cuestión de la polarización política de este momento, el arrinconamiento social a que ha llevado la nación la Revolución Bolivariana de Hugo Chávez y el inmediatismo en la valoración de una decisión, que ha debido proyectarse como una medida de gracia para la sociedad venezolana del momento; pero que desgraciadamente no resulto en sus efectos en el tiempo, como se esperaba.

Hugo Chávez no solamente resultó el más grande fraude de la historia política venezolana, también ha puesto al borde de la muerte la proyección de la nación y ha inoculado a un alto porcentaje de venezolanos, el morbo del odio y la división social. La republica que ayudó a construir el doctor Caldera con Rómulo Betancourt y Jóvito Villalba por la vía del vituperado Pacto de Punto Fijo, es la misma que se está expresando con los dicterios inoportunos y agravios inadecuados a la memoria del gran estadista - que lo fue - el doctor Rafael Caldera.

En todo caso, lo que se quiere analizar es la decisión que favoreció a Hugo Chávez en aquella oportunidad y que con la muerte del doctor Caldera ha agarrado más opinión pública que los méritos – que son mayores – del ex presidente.

El último libro del doctor Caldera, "De Carabobo a Punto Fijo. Los Causahabientes" publicado por Libros Marcados en un capitulo que prologa el ex guerrillero y periodista editor del diario Tal Cuál, Teodoro Petkoff, abunda en consideraciones para justificar acertadamente la decisión del Presidente Caldera; al final se suscribe en la última edición, un epilogo calzado con la firma de su hijo el Doctor Juan José Caldera, ex senador de la republica donde se justifica la decisión que puso en libertad en aquella oportunidad al militar felón del 4 de febrero de 1.992.

Todas las argumentaciones se orientan hacia el pedido que mayoritariamente hacia la opinión pública venezolana y el liderazgo de la coyuntura para poner en la calle a los militares golpistas y contribuir al proceso de pacificación militar del país.

En la larga nota del ex senador Juan José Caldera se apela a lo que era en aquella oportunidad el sentir de la mayoría de los venezolanos y de todos los candidatos presidenciales en la justa electoral de 1.993.

Todo ello es confirmable y aceptable en las argumentaciones que hace Teodoro y Juan José en los medios de comunicación; y además en el excelente discurso de despedida que hizo el Doctor Asdrúbal Aguiar y la gran mayoría de quienes honran en este momento la memoria del ex presidente fallecido.

El mismo doctor Caldera en una oportunidad señaló "el pueblo no se equivoca" y es el pueblo mayoritario que está haciendo exteriorizar su opinión en torno a la famosa decisión de poner en la calle al actual presidente. Es una manera de refutar las estridentes expresiones que surgen por la vía de la web, en la Radio bemba y el ciudadano común que no deja de tener una opinión en torno a la controvertida decisión.

Los programas de radio cuando abren los micrófonos, los de televisión cuando dejan el paso libre al mensaje de texto o las notas periodísticas de los medios de comunicación virtuales como www.noticias24.com y www.noticierodigital.com recogen aluvionalmente lo que ya es una opinión arrastrada desde hace mucho tiempo.

¡La libertad de Hugo Chávez en aquella oportunidad fue un error!

Simplemente la decisión, a pesar de estar siendo exigida en aquella oportunidad, el tiempo se ha encargado de demostrar que era errada e inoportuna.

Ese mismo tiempo ha demostrado que el actual presidente de la república, ha sido un beneficiario consecuente de decisiones pifiadas por jefes militares y presidentes de la república.

Si se hubiesen tomado decisiones oportunas, Hugo Chávez hubiese estado en la calle, fuera del mundo militar, desde el año 1.984.

El mismo desenlace del 4 de febrero de 1.992 fue una derivación de una larga cadena de imprudencias en la cadena de mando, arrancando desde el mismo Comandante en Jefe (Jaime Lusinchi y Carlos Andrés Pérez) hasta la decisión del mes de marzo de 1.994, que puso en la calle a Hugo Chávez desde Yare.

Fue favorecido por una decisión del entonces director de la Academia Militar, el General de Brigada Carlos Julio Peñaloza Zambrano, al ser detectado en actividades conspirativas con parte del personal del Curso Militar, próximo a graduarse. No se le instruyó algún expediente judicial y simplemente fue objeto de una decisión administrativa que lo transfirió a una unidad operacional.

Fue favorecido por una decisión del entonces Comandante en Jefe de las Fuerzas Armadas Nacionales, el doctor Jaime Lusinchi; cuando en un "cuento chino" que le llevaron los oficiales generales y almirantes del Alto Mando Militar al Presidente de la Republica, tergiversaron la información relacionada con el movimiento de un escuadrón de tanques Dragón del Batallón Ayala hacia la sede del Ministerio de relaciones Interiores y la residencia presidencial La Viñeta, el 26 de octubre de 1.988.

Fue favorecido con una decisión del entonces Comandante en Jefe de las Fuerzas Armadas Nacionales, el señor Carlos Andrés Pérez; cuando se detectó una conspiración el 27 de noviembre de 1.989 para secuestrar al grupo de generales que se iba a reunir en el Comando General del Ejército y a un hijo del entonces Comandante General del Ejército. En ese entonces, el Presidente Pérez señaló textualmente "a mí no se me alza ningún Teniente Coronel".

Fue favorecido con la decisión del entonces Ministro de la Defensa, el General de División Fernando Ochoa Antich, al ser asignado a una unidad elite del Ejército, el Batallón de Paracaidistas Antonio Nicolás Briceño, con todos los antecedentes de conspiración disponibles en los archivos de las agencias de inteligencia del estado venezolano.

Pero además de eso, con todas esas referencias conspirativas, el mismo 3 de febrero de 1.992, fue favorecido por la incompetencia y la ineptitud del entonces Comandante General del Ejército, el General de División Pedro Remigio Rangel Rojas; para que los efectos de la felonía se desarrollaran con las consecuencias de muertes y heridos que todos conocemos.

Los detalles de los favores recibidos en el proceso de reclusión y las medidas de gracia dictadas para beneficiar a los felones del 4 de febrero y posteriormente los del 27 de noviembre de 1.992, son parte de un capítulo de Patria Boba que aún se pretende reeditar, cuando se le pide al pueblo no descargar los tropiezos políticos y no drenar los pecados de oportunismo de aquella ocasión.

El favor más grande lo recibió con el sobreseimiento a su causa, de aquel entonces. El tiempo se ha encargado de colocar las cosas en su justa dimensión.

¿Fue un error? ¡Por supuesto que fue un error! Es obvio que este no es el momento para hacer los análisis porque ya se han hecho; la evidencia más concreta es que desde la misma acera del ex presidente fallecido se han iniciado las justificaciones que se han estrellado contra la opinión del populacho.

Una cosa es la inoportunidad para endilgar los pecados terrenales y otra es ir preparando el camino para la indulgencia y el perdón político.

El pueblo es sabio en la penalización de las infracciones de sus líderes y en este momento dada la magnitud de la tragedia política que está viviendo el país, es difícil que al doctor Caldera pueda eludir los resultados de sus fallos como Presidente de la república y Comandante en Jefe de las Fuerzas Armadas Nacionales.

Ya en un artículo anterior me dedique a resaltar las virtudes cívicas y de estadista del Presidente Rafael Caldera y su contribución al proceso de la construcción de la republica civilista que se inició el 23 de enero de 1.958 y que culminó el 6 de diciembre de 1.998.

Es incuestionable que el ex presidente Caldera fue uno de los venezolanos más relevantes del siglo XX.

El mismo pueblo que le pidió a Rafael Caldera la libertad para los militares felones del 4 de febrero de 1.992 y 27 de noviembre de 1.992; es el mismo que ahora con la muerte del ex presidente, le coloca en su carga de pecados mortales, la decisión de sobreseerle la causa militar instruida al teniente Coronel Hugo Chávez, por el Golpe de Estado del 4 de febrero de 1.992.

¡El pueblo no se equivoca!

Caracas, 27 de diciembre de 2009